电子竞技与数字娱乐专业人才培养丛书

电子竞技概论

龚 骁 蔡文敏 ◎ 著

·广州·

版权所有　翻印必究

图书在版编目（CIP）数据

电子竞技概论/龚骁，蔡文敏著. —广州：中山大学出版社，2021.4
（电子竞技与数字娱乐专业人才培养丛书）
ISBN 978 - 7 - 306 - 06834 - 7

Ⅰ. ①电…　Ⅱ. ①龚…②蔡…　Ⅲ. ①电子游戏—运动竞赛—概论　Ⅳ. ①G898.3

中国版本图书馆 CIP 数据核字（2020）第 017903 号

出 版 人：	王天琪
策划编辑：	邹岚萍
责任编辑：	陈　霞
封面设计：	曾　斌
责任校对：	邱紫妍
责任技编：	何雅涛
出版发行：	中山大学出版社
电　　话：	编辑部 020 - 84110283，84113349，84111997，84110779，84110776
	发行部 020 - 84111998，84111981，84111160
地　　址：	广州市新港西路 135 号
邮　　编：	510275　传　真：020 - 84036565
网　　址：	http://www.zsup.com.cn　E-mail：zdcbs@mail.sysu.edu.cn
印 刷 者：	佛山市浩文彩色印刷有限公司
规　　格：	787mm × 1092mm　1/16　12.25 印张　220 千字
版次印次：	2021 年 4 月第 1 版　2021 年 4 月第 1 次印刷
定　　价：	38.00 元

如发现本书因印装质量影响阅读，请与出版社发行部联系调换

电子竞技与数字娱乐专业人才培养丛书
编委会

总顾问 潘知常
主　编 张　燕
副主编 王贤波　张焕志　黄　淼　张　旭
编　委 潘业喜　殷　俊　曹　阳　墙　晟
　　　　　姚　宇　曹　斌　王　亮　章　凯
　　　　　王思行　唐　朝　沈　妙

本丛书为江苏省重点产业学院电子竞技产业学院资助项目

内容简介

本书是供电子竞技专业（方向）教学使用的专业基础类教材，内容包括电子竞技的基本概念、电子竞技的起源与发展、电子竞技的构成要素、电子竞技的功能和电子竞技的专业建设五个部分，书中以总分递进的形式共分为五章，每章两个小节。第一章阐释电子竞技的本质与特征；第二章探讨电子竞技的起源以及电子竞技在日韩、欧美和中国的发展状况；第三章主要是对电子竞技的主体要素和其他要素进行剖析；第四章主要分析电子竞技的四种社会功能，在第二节着重探讨电子竞技的教育功能；第五章从电子竞技专业切入，探讨该专业（方向）与现有学科的交集、渗透以及在高校的发展情况。

序　言

2003年，经国家体育总局批准，电子竞技运动（以下简称"电竞运动"）成为我国第99个正式比赛项目，此后，经过15年的发展，到2018年，电竞运动迎来了发展的第一次高峰，雅加达亚运会第一次将电竞运动项目纳入表演项目，共有《英雄联盟》《王者荣耀》《皇室战争》等六个项目入选；中国队在本届比赛中参与了三个项目的比赛，取得了两金一银的好成绩。当五星红旗在亚运会上升起时，参加电竞运动项目的每一位中国选手都感到无比自豪。自此之后，电竞运动开始在中国受到史无前例的关注，围绕电竞运动的产业链逐步完善，一个新兴的产业集群正在全国各地兴起。

为适应电竞运动新产业链对从业人才的需求快速增长的需求，2018年6月，金陵科技学院与江苏省体育局、南京视觉互娱文化传播有限公司等共同发起成立了新兴产教融合机构：金陵科技学院电子竞技产业学院，致力于电竞人才培养、电竞行业从业标准研发、电竞人才职业发展规划设计、电竞赛事与俱乐部运营研究、电竞产业发展的智库建设等产学研一体化工作。

金陵科技学院作为应用型本科高校的代表，在设立电子竞技产业学院的同时，于2018年联合南京师范大学、江南大学、南京艺术学院、中国传媒大学南广学院（今南京传媒学院）等18所高校组建了江苏省高校电子竞技教育联盟。2019年1月，由江苏省电子竞技运动协会牵头，成立了江苏省高校电子竞技运动教学指导委员会，众多高校齐心协力、形成合力，推进江苏省电竞运动和电子竞技产业的发展。教育联盟作为一个合作平台，正在发挥高校智力资源优势，为产业升级服务，为行业培养人才服务。

2019年3月，江苏省高校电子竞技教育联盟相关高校共同商议，启动"电子竞技与数字娱乐专业人才培养"丛书撰写计划，由中山大学出版社立项，分期出版，第一批立项项目共计10个（10种图书），覆盖当前电竞运动与管理相关领域的专业基础知识，为当前电竞运动产业发展、人才培养提供系统性理论支撑和操作指引，适用于专科及应用型本科层次的人才培养需求。丛书计划在近一两年内陆续出版，产教融合的第一批成果行将正式产生。

在此，编委会要感谢丛书编写者，我们相信，他们的辛勤努力将对长三角地区乃至全国的电竞运动教育的发展起到重要的推动作用。感谢江苏省体育局、江苏省电子竞技运动协会和金陵科技学院对电子竞技产业学院的支持。感谢中山大学出版社编审邹岚萍女士对丛书的重视。她和她的同事对书稿内容严格把关，审稿工作严谨、认真、细致、专业，不仅提高了书的质量，也使得我们在将丛书推向市场的过程中有了更大的信心。

电竞运动产业作为新兴文化体育产业，已进入快速发展阶段，许多新的现象和问题不断产生，本丛书在编写过程中难免挂一漏万，恳请广大读者能及时反馈给我们，帮助我们今后进一步提升和完善。"众人拾柴火焰高"，我们坚信，所有的电竞爱好者、专家学者共同发力，必将推动我国电竞运动产业进入"健康、可持续和高质量"的发展阶段。

丛书编写委员会
2019 年 12 月 28 日

前　　言

　　人类在"物竞天择"的法则下已执笔描绘了长达万年的历史画卷，有的人认为这是一部残忍屠戮的战争史，也有的人认为这是一部适者生存的进化论。我们从历史的长河中走来，经历蛮荒，迈向文明。在这个人类命运共同体的伟大时代，竞，不再止于优胜劣汰；竞，更为崇尚发展共荣。

　　电子竞技，是人类竞技领域从现实世界延伸至虚拟世界的一个跨越。人们可以通过规则平衡的电子游戏在虚拟环境下进行竞技活动，活动过程具有较强的技巧性、规律性和精确性等特点，它对游戏参与者的反应、思维、协调、团队精神与毅力都有较高的考验。随着规则体系的完善，我国国家体育总局在2003年将电子竞技列为第99项体育运动（后在2008年变更为第78项）。随后，亚洲奥林匹克理事会和国际奥委会均官宣认可电子竞技是体育竞技的一种形式。当亚洲奥林匹克理事会宣布在2022年杭州亚运会上电子竞技将作为正式比赛项目出现时，我们相信，在不久的将来，越来越多的人类竞技体育盛会将给这个年轻的体育竞技项目提供舞台。

　　电子竞技与许多传统体育竞技项目一样，都源于游戏。不同的是，电子游戏是信息时代的一种产物，是在虚拟空间实现的，它与传统游戏相比，具备游戏性更强、可选种类更丰富，以及可发展、可体验空间更大等特点。这些与生俱来的特点，使得电子游戏通过短短几十年的发展就在全世界收获了数以亿计的爱好者。早期的电子游戏受制于计算机软硬件的发展水平，制作耗时、规则简单，且画面粗糙，多数游戏参与者进行游戏的目的主要是娱乐，用电子游戏进行竞技并没有进入大众的思维。2000年后，计算机领域的发展可谓日新月异，受益于此的电子游戏领域步入了一个百花齐放、百家争鸣的时期，棋牌类、养成类、格斗类、竞速类、战略类、射击类、角色扮演类等各种类型的电子游戏纷纷在市场上涌现。

　　在此，我们会发现一种有意思的现象，很多款游戏，对于喜爱它们的游戏参与者来说，如果没有内容可读了，他们就会自发地开始调整角度再次进行游戏体验。我们来举个例子，《超级马里奥》应该算是电子游戏史上的一款经典游戏，许多游戏参与者在通关多次之后，并不再局限于自我娱乐，而是开始计时通关，挑战自己的最佳纪录，又或是和别的玩家进行对抗。参与者们对游戏可玩性的探索和追求挑战的本能使得游戏研发人员开始思考如何应对这种现象。一款精品的游戏从构思到实现需要一个漫长的过程，而剧情内容体验能留住玩家的时间实在太短，研发人员开始尝试在游戏中融入对抗竞技的元素，让游戏参与者从单纯的体验游戏剧情转而开始追求游戏思路与技艺的提升。市场或许是检验产品的一块试金石，在今天，竞技类的电子游戏已然在游戏市场中独树一帜，成为主流，电子竞技甚至开始成为一种传播文化。在2005年，李晓峰夺得WCG"魔兽争霸"项目冠军可能只是小有影响。但到了2018年，IG战队在《英雄联盟》项目中高举S8世界赛总冠军奖杯时，可谓家喻户晓。据数据统计，总决赛的观看人数超2亿人。一夜之间，各大传媒版面均以IG夺冠作为头条，许多厂商纷纷推出IG联名产品。电子竞技与日俱增的影响力，为整个电竞产业生态带来了迅速发展的驱动力，再加上庞大的受众群体，察觉商机的传统行业相继涌入这片广阔蓝海。

　　探索、融合、创新，是一个新兴领域健康发展的必经之路。电子竞技虽是一个年轻的领域，但在让人们接受它的路上已然走过许多曲折，探索艰辛却值得！我们不再视其为洪水猛兽，而是能够更客观、更积极地面对蓬勃发展的电子竞技。从人们在电子竞技领域的实践来看，该领域与计算机技术、运动训练、艺术设计、传媒播音、运营管理这几个领域的交集更为紧密。涉及范围广、探索空间大、融合创新难、人才需求高都是目前电子竞技发展道路上的阻碍。解决这些困难需要落地于人才培养体系的建立，人才是一个行业兴衰的关键所在，蓬勃发展的电子竞技领域需要更多的人才。因此，我们需要通过科学合理的教学理念与途径来培养该领域的人才。十年树木，百年树人。电子竞技领域的教育同样也需要经历漫长的探索、融合与创新，从理论到实践再到理论，像一个莫比乌斯环，周而复始，无穷无尽。

　　本书作为我国高校电子竞技专业（方向）的基础教材，旨在让读者对电子竞技概念产生正确认知，对相关领域的知识技能学习产生兴趣，明确电子竞技相关专业（方向）的学习路径，为以后的学习积累打下良好的基础，从而脚踏实地参与学习实践，为所热爱的电子竞技从长青走向卓越贡献出一份力量。

龚骁

2020年10月

目　　录

第一章　电子竞技的本质与特征 ………………………………… 1
第一节　电子竞技的本质 …………………………………………… 1
一、关于电子竞技本质的几种主要看法 ………………………… 2
二、电子竞技定义的探讨 ………………………………………… 8
知识拓展　公平游戏就一定是竞技游戏吗? …………………… 10
　　　　　经典电子游戏——《俄罗斯方块》 ………………… 10
第二节　电子竞技的特征 …………………………………………… 12
一、电子竞技的主要特征 ………………………………………… 12
二、竞技类电子游戏的特征 ……………………………………… 12
知识拓展　电子游戏的第九艺术之说 …………………………… 15

第二章　电子竞技的起源与发展 ………………………………… 20
第一节　电子竞技的起源 …………………………………………… 20
一、载入电子竞技历史的一场比赛 ……………………………… 20
二、关于电子竞技起源的探讨 …………………………………… 21
知识拓展　电子竞技会使人更容易进入沉浸状态 ……………… 21
第二节　电子竞技的发展 …………………………………………… 22
一、科技进步背景下的新竞技运动 ……………………………… 22
二、电子竞技在韩国 ……………………………………………… 24
三、电子竞技在日本 ……………………………………………… 27
四、电子竞技在欧美 ……………………………………………… 30
五、电子竞技在中国 ……………………………………………… 32
知识拓展　世界著名游戏研发商——暴雪娱乐 ………………… 44

第三章　电子竞技的构成要素 …………………………………… 48
第一节　主体要素 …………………………………………………… 48
一、可判定胜负的游戏结果 ……………………………………… 48
二、可重复训练的竞技内容 ……………………………………… 49

三、机制丰富的游戏性 ………………………………… 52
　　四、存在观赏价值 …………………………………… 58
　　五、可持续研发 ……………………………………… 59
　　知识拓展　影响游戏"公平"的超水平玩家 …………… 61
第二节　其他要素 …………………………………………… 63
　　一、主观因素 ………………………………………… 63
　　二、客观因素 ………………………………………… 65
　　知识拓展　"巴甫洛夫的狗" ………………………… 66
　　　　　　　关于动机的三种理论 …………………… 67

第四章　电子竞技的功能 …………………………………… 71
第一节　电子竞技的社会功能 ……………………………… 71
　　一、体育竞技作用 …………………………………… 71
　　二、文化传播作用 …………………………………… 73
　　三、开拓市场作用 …………………………………… 75
　　四、休闲娱乐作用 …………………………………… 77
　　知识拓展　DOTA 2 人设艺术解析 …………………… 79
第二节　电子竞技与教育功能 ……………………………… 84
　　一、市场需求与电子竞技教育 ……………………… 84
　　二、电子竞技教育的意义和目标 …………………… 99
　　知识拓展　我国三大电子竞技对战平台 ……………… 102
　　　　　　　神奇的"大老师"DOTA 2 plus …………… 104

第五章　电子竞技的专业发展 ……………………………… 107
第一节　电子竞技与领域渗透 ……………………………… 107
　　一、电子竞技与教育学 ……………………………… 108
　　二、电子竞技与文学表现形式 ……………………… 109
　　三、电子竞技与计算机技术 ………………………… 111
　　四、电子竞技与艺术表现形式 ……………………… 121
　　知识拓展　阿尔法之星如何战胜人类职业玩家 ……… 129
第二节　电子竞技的专业方向 ……………………………… 138
　　一、电子竞技运动与管理 …………………………… 139

二、电子竞技策划与运营 …………………………………… 153
三、电子竞技艺术设计 ……………………………………… 158
四、电子竞技解说与主播 …………………………………… 162
 知识拓展 如何才能成为一名合格的电竞解说员 …………… 163
     知名游戏原画师与作品赏析 ……………………… 167

参考文献 …………………………………………………… 178

第一章 电子竞技的本质与特征

第一节 电子竞技的本质

电子，随科技进步而造。电子设备，是人类科技发展到一定阶段的产物。电子设备所创造的世界，亦属于人类多元化文明的一种。竞技作为人类在文明进化过程中的一种方式，毫无疑问，"更高、更快、更强"[①] 的竞技舞台也会在电子的虚拟世界中得到延伸。

竞技因社会发展而生。在不断发展的世界里，竞技是各种生物熟悉生存环境、彼此相互了解后产生的一种本能竞争，"物竞天择"正是对这种竞争的写照。农耕时代，人类对生活技能和身体机能的追求孕育了田径运动；工业时代，人类对机械极限的执念创造了竞速赛车；在当下信息时代，人类对大脑思维的发掘与拓展给电子竞技（electronic sports）提供了生长的沃土。

电子竞技作为信息时代浪潮下兴起的一种竞技方式，具有受众群体广泛、竞技方式多样、涉及领域繁多等特征。电子竞技发展的短短几十年间，从简单的游戏对打到具有组织规模的联赛再到辐射多领域的朝阳产业，经历与承载，徘徊与发展，至今已产生了较大的社会价值和研究价值。与电子竞技相关的教育教学过程和产教融合的探索，是从教学研究角度对电子竞技内容的一种解构式分析，也是从市场需求角度对岗位缺口的一种应对式策略。

在计算机软硬件普及的今天，电子游戏对人们来说已不算陌生，但基于电子游戏产生的电子竞技还是一个较为新鲜的概念，认知新生事物的过程自然会产生多种不同的看法。有人认为电子竞技仅仅是一种娱乐消遣，也有人认为电子竞技应该是热血拼搏的体育竞技运动，还有人认为电子竞技是多种文化价值迁移的综合体。那么，电子竞技究竟是什么？它又具备

---

① "更快、更高、更强"（英文："Faster, Higher, Stronger"，拉丁文："Citius, Altius, Fortius"）是奥林匹克格言（Olympic motto），又称奥林匹克口号或奥林匹克座右铭，也是奥林匹克运动口号之一。

哪些本质属性？

一、关于电子竞技本质的几种主要看法

电子竞技是一种全新的竞技形式，它的出现是人类竞技史上的一座里程碑，人类竞技领域的版图自此从有限的现实世界延伸至无限的虚拟世界。电子竞技伴随着电子信息技术的成熟和普及开始贴近人们的生活。实现电子竞技需要有电子游戏作为载体，在"电子竞技"这个概念被提出后的几十年里，人们对于通过电子游戏进行竞技对抗的认知经历了多个阶段。

在20世纪末，"电子竞技"的概念还是模糊的，在很多人看来，通过电子游戏进行的竞技对抗只是娱乐休闲和游戏水平的对局。21世纪初，受益于计算机硬软件技术的提升和游戏研发人员的思维转变（传统的剧情体验式游戏研发时间过长，挽留玩家时间较短，需要研发让游戏体验者、参与者能够长时间参与的游戏），一些制作精良、竞技性强的电子游戏作品得以问世。这些电子游戏对游戏参与者提出了操作精准和战术编排的要求，极大地提高了游戏的上手难度。同时，这些游戏内置的数据记录系统让游戏参与者的游戏水平能够量化，操作的精准程度、战术的布局转化成的局势起伏和最终结果都会在计分表上直观呈现。互联网普及后，高水平游戏参与者之间的竞技对抗极具观赏性，吸引了大批游戏爱好者观战甚至加入游戏。大型游戏平台和相关赛事的出现为游戏参与者们提供了广阔的表演舞台，越来越多的游戏参与者立志于提升游戏水平，有目的、有秩序的游戏水平提升训练自然而然地被纳入了他们的日程之中，"竞技"的理念和行为开始在这类游戏爱好者的心中扎根。

2010年之后，竞技类电子游戏市场的繁荣超乎了人们想象，嗅觉敏锐的游戏研发商开始逐步降低游戏的上手难度，使得驻足观看的人也乐于加入游戏，激增的游戏受众带来的是相关赛事规模与奖金的倍数增长，欣欣向荣的市场使得传统行业纷纷入局。越来越多正面、客观的报道宣传引导社会层面开始理性看待电子竞技，人们不再把"打电子游戏只为消遣"与"电子游戏下的竞技"混为一谈。2003年，国家体育总局将"电子竞技"列为第99项正式体育运动[①]后，有规则的电子游戏对抗在竞技类游戏爱好

[①] 腾讯体育：《电子竞技被体育总局列为第99个正式体育项目》，https://games.qq.com/a/20111121/000252.htm，访问日期2019年11月21日。

者眼中已然和体育竞技画上了等号，但是社会对"电子竞技"的统一认识还尚未达成，理论界仍在讨论中。

电子竞技的出现丰富了竞技、娱乐、文化传播的形式，电竞行业的热度和潜在价值吸引着传统行业的融合，"电竞体育""电竞综艺""电竞旅游"等新鲜名词应运而出，人们在享受电子竞技带来的愉悦和效益的同时，也在探讨电子竞技的本质究竟是什么。目前，在对电子竞技本质的探讨上，主要有"游戏本质说""竞技运动说"和"文化现象说"三种看法。

（一）游戏本质说

电子竞技就是打游戏（娱乐消遣），这种观点在许多人的认知中扎根已久，尤其是在电子竞技被官方列为一项体育竞技项目之前。

那么，这种较为根深蒂固的观点是如何形成的呢？

首先，我们来看电子竞技的载体。毫无疑问，其载体就是电子游戏。从客观实际的角度来说，电子竞技首先必须进行电子游戏，由游戏参与者通过操控游戏内容（包括游戏内的英雄、道具、技能、兵种等）进行竞技对抗。如果没有电子游戏作为载体，电子竞技就无从谈起，但这种进行游戏的方式具备严格的规则限制，而不是娱乐消遣式的任意游戏。

其次，我们来看电子竞技比赛中的项目。在比赛中，这些电竞比赛的参赛选手们又是如何进行游戏的呢？具有一定观赛经验的人一般都会认为，越是高级别赛事的对抗，对参赛选手各方面的能力水平要求就越高，这点与传统体育赛事类似。可见，电子竞技比赛是参赛选手利用电子设备作为运动器械进行的人与人之间的一种竞技对抗，对参与者的身体体能、思维能力、反应能力、心眼四肢协调能力、意志力，甚至是团队协作能力都具有极高的要求。在使用电子游戏进行竞技的过程里，人们进行游戏的过程被设置了更多的判罚规则和限定条件（如游戏胜负结果的产生限定、参与的时间或空间限定等），远远超出了游戏娱乐消遣的范畴。由此来看顶尖赛事的参赛选手与普通游戏参与者身份，会发现，他们进行游戏的区别主要在强度而不在性质。

我们再回到之前提出的问题：是什么让许多人认为电子竞技就是打游戏呢？

其实，这是一种因界限模糊而产生的看法。我们先来看几种关于游戏定义的说法①：古希腊哲学家柏拉图（Plato）认为，游戏是一切幼子（动物的和人的）生活和能力跳跃需要而产生的有意识的模拟活动；古希腊著名思想家亚里士多德（Aristotle）认为，游戏是劳作后的休息和消遣，是一种本身不带有任何目的性的行为活动；索尼在线娱乐的首席创意官拉夫·科斯特（Raph Koster）认为，游戏就是在快乐中学会某种本领的活动；而《辞海》中对游戏的定义是指以直接获得快感为主要目的，且必须有主体参与互动的活动。这些定义说明了游戏的两个最基本的特性：一是以直接获得快感（包括生理和心理的愉悦）为主要目的，二是主体参与互动。主体参与互动是指主体动作、语言、表情等变化与获得快感的刺激方式及刺激程度有直接联系。

电子游戏不仅具备游戏的这两点要素，同时作为一种虚拟世界的体验，涉及内容包罗万象，且虚拟游戏世界的构建受到的现实物质约束较少，虚拟发展空间更是趋于无限大。这种通过进行游戏产生的快感、成就感也更容易因游戏体验时产生的心流效应而被放大，使得部分游戏参与者容易沉溺其中。

所以，将电子竞技仅仅视为打游戏（娱乐消遣）的观点是片面的，这种看法是对事物发展认识的一种主观停滞。造成这种现象有多方面因素：一是电子游戏受众群体主要为价值观、世界观还不成熟，自制力较低的青少年；二是社会对电子游戏这种事物的接受过于片面；三是电子游戏领域缺乏有效的监督与管理；四是部分媒体宣传案例过于极端。

新鲜事物总是能吸引孩子们的注意并使其投入大量时间，电子游戏自然不例外。在2000年前后，"热血传奇"系列、"石器时代"系列、《星际争霸》、"命令与征服红色警戒"系列、"魔法门之英雄无敌"系列和"反恐精英"系列等这些画面制作良好、可玩性较强的游戏产品大量涌现，大批青少年成为这些游戏的忠实拥趸，不少刚刚接触游戏的青少年甚至是儿童开始频繁出入电脑室（彼时不少地方还没有开通互联网，所以不称之为网吧）。

这样的现象自然会引起家长的忧虑。电子游戏作为新兴事物，家长并不知道该如何去定性，更不知该如何对待对电子游戏表露出极大好奇心的孩子。而且竞技类电子游戏与网络类电子游戏在当时并没有一个明确的界限，在这样的现象出现一段时间之后，电子游戏在家长的眼中就一概被视

---

① 参见邵斌、梁凤婷编著：《数字游戏视觉设计》辽宁美术出版社2020年版，第16页。

为使孩子荒废学业的罪魁祸首。随着人们对电子游戏这一客观事物的了解愈深入，各大媒体在宣传报道游戏上也愈发客观辩证，越来越多的人开始意识到电子游戏本身只是一种载体，一些游戏分支在平衡性和可对抗性上的发展为竞技对抗提供了一个平台。所以，这类电子游戏既可以用于竞技，也可以用于娱乐消遣，这个区别主要在于人本身对其持有的态度和目的。

（二）竞技运动说

得益于电子游戏竞技机制的不断完善，电子竞技逐渐呈现出竞技体育运动的诸多特征，早在2003年，国家体育总局就将电子竞技列为我国第99项体育运动（后变更为第78项）。近年来，随着电子竞技赛事规格的快速升级，电子竞技在全球范围的影响力与日俱增。2017年，国际奥委会官方宣布认可电子竞技是一项运动；2019年，亚洲奥林匹克理事会宣布电子竞技将以正式比赛项目入选2022年杭州亚运会。

电子游戏机制是如何转向竞技化的呢？纵观电子游戏的发展史，不难发现，在从单机个人游戏到互联网多人在线游戏的演变过程中，游戏研发商在设置游戏机制上越来越注重展示玩家的能力值。（网络游戏与竞技游戏均是如此，网络游戏的能力值往往会以游戏参与者的声望、成就和某些稀有物品的获得来展示；在偏向竞技的游戏中一般会以游戏参与者通过竞技排位赛获得的积分或段位来展示。）

早期电子竞技的舞台属于即时战略类游戏（real-time strategy game，简称RTS）[①] 和第一人称射击类游戏（first-person shooting game，简称FPS）。RTS类游戏的数量较多，而暴雪公司（Blizzard Entertainment）[②] 研发的《星际争霸》和《魔兽争霸Ⅲ》以出色的游戏平衡性和极强的观赏性成为各大国际电子竞技赛事的必有项目。

从回合策略类游戏（turn-based strategy game）[③] 发展而来的RTS类游戏对游戏参与者的微操控制能力和战术策略能力要求都上升到了一个前所

---

① 即时策略类游戏：策略游戏（strategy game）的一种，游戏以非回合制的即时形态进行。
② 暴雪公司：著名游戏制作和发行公司，1991年2月8日由加利福尼亚大学洛杉矶分校的三位毕业生Michael Morhaime、Allen Adham和Frank Pearce以"Silicon & Synapse"为名创立；1994年品牌正式更名为"Blizzard"。
③ 回合策略类游戏：策略游戏的一种，所有的玩家轮流进行自己的回合，且只能运作自己的回合。

未有的高度，动辄需要上百的每分钟操作次数（actions per minute，简称APM）①，同时还需具备良好的战略素养，一般的对局时长往往在一课时（45分钟）左右，更是考验游戏参与者的长效体能和集中力。游戏机制的强竞技化使得游戏参与者进行游戏时的消耗强度大大提升，无形之中也提高了游戏的入门门槛。同时，游戏机制的这种转变也使更多以娱乐休闲为目的的游戏参与者转投其他类型的游戏。

基于RTS类游戏参与者对更高水平竞技的需求，该类游戏出现了"战网对抗"的模式，参与者可以通过选择游戏中的战网链接，去和全世界的人进行技艺比拼。同时，随着互联网技术的发展，游戏平台开始兴起，浩方、VS、11等平台都为竞技游戏爱好者提供了更多的竞技舞台。

RTS类电子游戏上手难度过大，诸多初始玩家受制于自身游戏水平难以提升，开始逐步转变为游戏的观战者。到了2006年，《魔兽争霸Ⅲ》游戏引擎制作的DOTA地图发布，相对友好的上手难度、丰富多变的玩家配合，使这种全新的游戏体验开始风靡各地游戏玩家群体，至此，多人即时在线对抗类游戏（multiplayer online battle arena，简称MOBA）②开始登上电子竞技的历史舞台。

最初的多人即时在线对抗类游戏作品一般都基于《魔兽争霸Ⅲ》游戏引擎制作游戏地图，包括"真·三国无双""信长野望"和DOTA，而DOTA凭借较高的平衡性和战术多变性逐步成为多人即时在线对抗类中的主流游戏。

多人即时在线对抗类游戏在即时战略类电子游戏的基础上做出了更多适用于游戏玩家的游戏优化，在大大降低游戏玩家的上手难度的同时，更加强调游戏玩家的团队配合度。与此同时，主流电子竞技赛事也开始从个人竞技逐步转向团队竞技。

2010年前后，《英雄联盟》和DOTA 2相继问世，这两款电子游戏脱离了第三方游戏平台，并在游戏自带机制中加入了玩家排位定级系统，该系统会根据游戏参与者的技术水平，对加入过该排位系统的游戏参与者进行分数或段位的排位。随着游戏机制的变化，这类电子游戏的对抗竞技性质与传统体育项目愈发靠拢。

再看电子竞技赛事的发展，世界电子竞技大赛（World Cyber Games，

---

① 每分钟操作次数：一分钟内所有游戏操作的总和，例如选择单位或下达命令。
② 多人即时在线对抗类游戏：又称动作即时战略游戏。

简称WCG)① 作为早期电子竞技最具影响力的国际赛事,创立于2000年,结束于2013年,被广大电子竞技爱好者冠以"电竞奥运会"的头衔。该项赛事由韩国国际电子营销公司（Internation Cyber Marketing,简称ICM）主办,并由三星和微软（自2006年起）提供赞助。WCG一直以"beyond the game（不只是游戏）"为口号,以推动电子竞技的全球发展为目标,旨在促进人们在网络时代的沟通、互动和交流,促进人类生活和谐、愉快。WCG采用类似于奥运会的举办模式,加上世界范围的影响力和高额的赛事奖金,使得竞技类电子游戏从"游戏对战"到"竞技运动"的观点被更多的人接受。中国的参赛选手在比赛中获得过多个项目的最高荣誉。

2007年,《英雄联盟》游戏项目的S7总决赛在北京国家体育场（鸟巢）举办,这款在世界范围内坐拥上亿玩家的多人即时在线对抗类游戏展现出了其惊人魅力和无限价值。如果说S7总决赛在中国举办对国内的电子竞技受众群体是一次电子竞技赛事的文化传播,那么,S8总决赛中中国的IG战队勇夺总决赛冠军的那一刻,更多意义上诠释了电子竞技的荣耀或许不在于常胜不败,而是坚持不懈、屡败屡战的体育竞技精神。《英雄联盟》游戏一直是韩国电竞的传统强项,中国各大顶尖俱乐部在前七届（S1—S7）的赛事中未能夺冠,直到S8赛季才问鼎联盟最高荣誉。这场比赛极大地促进了电子竞技运动在中国的普及与推广,同时也推动了世界电子竞技运动的健康快速发展。电子竞技赛事也开始成为引领信息产业发展的一种新动力,展现出勃勃生机和广阔美好的发展前景。

（三）文化现象说

对新事物认知的过程,会经历从未知到探索再到理解等阶段。恩格斯认为,每一种新的进步都必然表现为对一种神圣事物的亵渎,表现为对陈旧的、日渐衰亡的,但习惯所崇奉的秩序的叛逆。

人们接触未知领域常伴随着片面和恐惧。早期的电子游戏以叙事的角色扮演类（role-playing game,简称RPG）②为主,该类游戏的机制也更符合网络游戏的无限循环设定。在20世纪90年代末网络文化兴起的浪潮下,相较于其他很多娱乐方式,该类游戏对游戏体验者来说,更有吸引力。

通宵满座的大小网吧、夜不归宿的人们、无心学习的学生,人们沉溺

---

① 世界电子竞技大赛：2000年创立,是一项世界级的电子竞技赛事。
② 角色扮演类游戏：是游戏类型的一种。在游戏中,玩家负责扮演这个角色,在一个写实或虚构世界中活动。

于游戏本身和游戏内社交已然成为时代背景下的一种文化现象。他们以游戏中的成就为荣耀,以虚拟世界带来的快感为满足,甚至与现实社会完全脱节,这个群体被不少媒体冠上了一个特殊的称谓——"网瘾少年"。

电子游戏在发展的过程中逐步开始出现多元化趋势,竞技类的电子游戏在各类游戏中脱颖而出,由于其游戏时间可控(以每局作为一次结算)、游戏可玩性强和对抗具备基础公平性,这类游戏的受众群体一直呈膨胀式发展。激增的受众带来的是一种蝴蝶效应,达到规模的电竞参与者使得原本停留于平台竞技的电子游戏又融合了更多的社交功能,甚至有的游戏项目在同时在线人数突破千万时喊出了"全民电竞"的口号。

电子竞技游戏受众的增长和电子竞技赛事的推广,使得电子竞技产业的发展欣欣向荣,电竞产业的发展与繁荣逐步辐射到更多的交叉产业,也衍生出更为复杂的文化路径,包括文字、影视、体育、教育、旅游等。繁荣发展的电子竞技已不再仅仅停留于爱好者的谈论之间,而是成为一种文化,进入社会各个阶层的视野,并充分融入大众生活。街头巷尾又或是公交地铁上经常可以看见人们通过移动端的电竞游戏打发碎片化的时间;市面上种类繁多的产品都打上了电竞的标签,例如电竞运动中心、电竞酒店、电竞主题嘉年华、电竞影视作品、电竞小镇、电竞桌椅等;各大媒体对电子竞技展开更多的正面宣传;大小公司均开始布局相关业务。随着电竞产业繁荣和文化现象出现,资本开始大量涌入,电子竞技正迎来一个属于它的黄金时代。

二、电子竞技定义的探讨

关于电子竞技如何定义,目前也存在多方观点。

国家体育总局发布的观点认为,电子竞技是利用高科技软硬件设备作为运动器械,在同一竞赛规则下进行的人与人之间的对抗性活动。通过电子竞技运动,参赛者可以锻炼和提高反应能力、思维能力、协调能力、毅力、团队精神和对现代信息社会的适应能力,从而促进全面发展。[①]

天津体育学院教授李宗浩认为,电子竞技运动是计算机技术和竞技运动完美结合的产物。电子竞技运动是运用计算机,通过网络所营造的虚拟平台,按照统一的竞赛规则进行的体育竞赛活动,不同于现实的竞技体育

[①] 崔灿,《专访国家体育总局:中国电子竞技未来之路》,http://www.sport.gov.cn/xxzx/n11032/c671924/content.html,访问日期:2019年1月25日。

运动项目，也不同于网络游戏。①

浙江大学教育学院体育系冯宇超认为，电子竞技是以电子游戏为基础，通过电子竞技竞赛决出胜负，并以此来衡量竞技水平高低的一项竞技运动。②

艾瑞咨询公司（iReserach）在发布的《2016年中国电竞内容生态报告》中提出，电子竞技运动是以信息技术为核心、以高科技软件硬件设备为器械，在现代技术营造的虚拟环境中、在同一体育竞赛规则下进行的人与人之间的对抗性益智活动。③

在南京传媒学院电竞学院2017级、2018级、2019级的学生问卷调查中，500份有效问卷中超过90%的被调查学生均认为电子竞技是一种对抗状态，它是建立在公平合理规则下运用电子游戏进行的对抗。

本书认为，电子竞技是一种以信息技术为核心，以软硬件设备为器械，在信息技术营造的虚拟环境中、在统一的竞赛规则下进行的益智性游戏对抗。其侧重点在电子游戏中的"竞技"上，而且此类游戏比一般电子游戏更强调玩家的策略思路与操作技术。

从目前的电子竞技业界实践和部分理论观点来看，我们可以把电子竞技解读为广义的电子竞技和狭义的电子竞技。广义的电子竞技概念宽泛，主要包括三个基本元素：一是电子，其含义是通过信息化技术制成的电子游戏；二是竞技运动，它包括虚拟和虚构两类运动项目；三是人与人之间的竞赛，是运用电子信息技术所营造的虚拟平台，按照统一的竞技规则进行的体育竞技活动。由此得出，就概念的广义性而言，电子竞技是计算机技术和竞技运动结合的产物，具备多样性，可以模拟传统体育项目，将其数字信息化，也可以创造全新的竞技方式。这些都需要通过信息技术实现，但最终还是落地于人与人之间的对抗。而狭义的电子竞技则特指人和人之间进行的竞技类电子游戏对抗。

---

① 参见李宗浩、李柏、王健《电子竞技运动概论》，人民体育出版社2005年版。
② 冯宇超：《对电子竞技发展的初步探讨》，载《浙江体育科学》2003年第11期。
③ 参见艾瑞咨询《2016年中国电竞内容生态报告》，http://report.iresearch.cn/report/201604/2570.shtml，访问日期：2020年6月10日。

知识拓展

公平游戏就一定是竞技游戏吗？

这里我们再探讨一个公平游戏是否就具有竞技属性的问题。这显然是不能对等的。我们以摇色子猜大小为例，摇色子猜大小游戏的公平性毋庸置疑，然而，其并不存在竞技，因为你无法通过自己的技术来赢取游戏的胜利，只能靠运气，这自然就不存在竞技性了。

那么，有竞技性的游戏就一定要绝对的公平吗？回答也是不一定的。围棋是世界上竞技性最高的游戏之一，但是围棋是一个严格公平的游戏吗？并不是，因为围棋的两名参与者中，执黑一方总是会有那么一丝额外的优势。那么，怎么解决？如果仅考虑如何让这游戏变得公平，那就太简单了，比赛之前双方猜个拳，谁赢了谁执黑，这样两位参与者都有50%的机会获得那少许优势，游戏也就公平了。然而，这样还有竞技性吗？恐怕是没多少了，因为猜拳的结果影响了游戏最终的结果。怎么办？到底是牺牲公平性成全竞技性还是牺牲竞技性成全公平性？我们大家都知道，明显是前者，于是围棋的贴目规则经过了数次更改，直到今天，围棋还无法做到对黑白双方完全的公平，但是有人会说围棋没有竞技性吗？当然不会。

田径的竞技性高，所以没人可以靠运气跑过博尔特；围棋的竞技性也很高，所以你想在棋场上赢，除了勤学苦练，没有任何的捷径可走；目前主流的电子竞技项目（如《魔兽争霸Ⅲ》、"星际争霸"、DOTA 2、《英雄联盟》、"反恐精英"等）的竞技性也是非常高的，没有经过严格训练的普通选手是无法和训练有素的专业选手相抗衡的。

经典电子游戏——《俄罗斯方块》

早在1984年，苏联科学家阿列克谢·帕基特诺夫（Alexey Pajitnov）使用当时的电子音乐60平台（Electronica 60）开发了一个简易方块游戏。1985年，这个游戏被同步移植进国际商业机器公司（IBM）的计算机平台，基于硬件的普及，这个游戏开始为人们所熟悉。到了1988年，拥有当时世界领先电子设备和技术的北美和日本分别发布了这个游戏的计算机版和家用主机版，《俄罗斯方块》这款经典游戏自此开始风靡世界。

俄罗斯方块的游戏方式是将自上而下的不同规格方块进行无缝隙的组

合，方块在下落的过程中可以进行上下左右四种方向的变形，使得落下后的方块能够整行排满并消除即能得到分数。游戏的目的就是通过合理的搭配和堆积，尽可能多地消除方块。《俄罗斯方块》这个游戏从诞生之日起就在不停地更新改进，直到2002年，俄罗斯方块公司才把《俄罗斯方块》的官方规则确定下来。

在进行《俄罗斯方块》游戏的过程中，大家会发现，一次性消除的方块行数越多，得分就会越高（可以理解为额外难度系数得分），消除一行得到单倍得分（single score），两行得到双倍积分（double score），三行得到三倍得分（triple score），最多四行可以得到四倍得分（tetris score）。这种额外的难度系数得分机制在后续出现的 RTS、MOBA 类电子游戏中也得到了广泛应用，例如大家熟知的 MOBA 类游戏中的英雄连续击杀：双杀（double kill）、三杀（trible kill）、四杀疯狂杀戮（ultra kill）、五杀暴走（rampage）。

完成额外难度系数的成就，就可以获得更多的额外资源奖励，从而扩大己方的优势。在这样的规则基础上，必然就会产生参与者与电脑（中立资源）、参与者之间的虚拟冲突，这个过程就是一个对抗竞技的过程。对抗竞技的过程会以得分或是胜负等形式体现出来，所有的电子竞技游戏在虚拟冲突后都会出现一个可量化得分高低或可判胜负输赢的结果。

思考题

1. 如何从竞技体育的共性来解读电子竞技？
思维引导：传统竞技体育和电子竞技项目的诸多共同点。
2. 电子游戏中的"游戏性"包含了哪些具体内容？
思维引导：游戏机制的构成、游戏元素的构成、受众体验的构成。
3. 一款电子游戏进入电子竞技领域有哪几点要素？
4. 电子游戏在漫长时间的演变过程中达到真正意义上的竞技层面，需要具备哪几个要素？
5. 如何评价"电子竞技游戏项目与传统体育项目在对抗性和竞技性特征上是极其相似的"这一观点？
6. 在 MOBA 类电子竞技游戏中，以《英雄联盟》为例，五个不同分工的位置中，哪一个位置对参与者的综合能力要求最高？为什么？
7. 《俄罗斯方块》游戏在对抗的过程中，游戏本身不会受到时间约束自动结束，那么，该从哪些方面去设定该游戏的比赛规则？

第二节　电子竞技的特征

"电子竞技"的概念在被提出之时，其特征就已显而易见。如字面意思所示，"电子"与"竞技"就是它的两大特征。

一、电子竞技的主要特征

（一）"电子"

电子信息技术的发展为人类提供了一个全新的竞技平台，"电子"是实现竞技的先决条件。在电子竞技实现的过程中，我们可以把"电子"看作方式和手段。具体来说，指的就是这项竞技运动是需要借助以信息技术为核心的各种软硬件以及由其营造的环境才能进行的，类似于传统体育项目中的器材和场地。在电子竞技运动中，"器材"和"场地"依赖信息技术来实现，这也是电子竞技与传统体育运动的不同之处。

（二）"竞技"

"竞技"是技能水平的一种比拼，也是体育运动项目的一种特性。目前，电子竞技实现的途径和载体都是电子游戏，那么，电子游戏内容的对抗就是电子竞技中的"竞技"所在。就"竞技"概念而言，电子竞技项目与传统体育项目在竞技层面并无太多差异，首先是人与人之间的身心博弈，其次是公平合理的规则约束，最后是结果一定可判胜负。

二、竞技类电子游戏的特征

电子竞技的特征是显而易见的，就是"电子"与"竞技"。而作为电子竞技载体的竞技类电子游戏，其特征却有着诸多维度，因为游戏设计师们在创造这些游戏之时会涉及和考虑到多个不同的领域。

本书根据竞技类电子游戏的一般设计思路，将这些特征大致划分为两种：竞技类电子游戏的基础特征和附着特征。其中，基本特征包括体育竞技特征、资源平衡特征和实效空间特征，而附着特征则包括技术特征、艺术特征和文化特征。

（一）竞技类电子游戏的基础特征

1. 体育竞技特征

竞，即比赛、竞赛；技，即技艺、技能。竞技指的就是比赛技艺。简单的游戏经过不断的发展，开始多样化和复杂化，其中的体育竞技特征也逐步凸显。

电子游戏的体育竞技特征是指在游戏本身能够公平进行的前提下，高水平的参与者与其他相对较低水平的参与者相比，在游戏中，通过其技术，能够处于或保持优势地位；所有参与者进行规则定义下的虚拟冲突（虚拟人物或事物对抗竞技）后，进而产生能够量化的结果（具有可判胜负机制）。

这种优势地位的出现就是体育竞技特征的一种直观体现（例如两个小孩之间进行打水漂的游戏比赛，小孩A扔出的石子每次都可以在水上弹跳五次以上，而小孩B无论怎么扔都不会超过三次），即游戏中存在竞技性，高水平参与者就会出现相对优势。这个优势的大小来源于先天的天赋和后天的学习训练，而非游戏中的运气成分。像猜拳和猜大小这种运气游戏，不管怎么练习，也不会有实质上的提升，这是因为结果与游戏中同可控因素对立的不可控因素息息相关。技巧是可控、可学习的，运气则不是。也就是说，决定某个游戏结果的运气成分越多，它的竞技性就越低；反之，运气成分越低，竞技性就越强。值得注意的是，游戏的难度并不会对其竞技属性产生太多影响。

体育竞技特征也是人与人之间产生对抗的一种最基本特征，仅仅为满足娱乐属性而进行的电子游戏活动并不属于电子竞技运动范畴。电子竞技运动项目的竞技性是指，在保证游戏客观公平（相同游戏内资源）的前提下，不同层次水平的参与者在电子竞技游戏中通过身体操作、智力思考来赢得胜利。

体育竞技的特征还体现在电子竞技运动比赛中的规则固定性上。从目前各大世界性的电子竞技运动赛事来看，各国、各地区的选手在比赛的全过程都要严格遵守比赛项目的各项规则。

电子竞技游戏项目与传统体育项目在对抗性和竞技性特征上是极其相似的。它有着可定量、可重复、可精确比较的体育比赛特征，游戏的方式是对抗和比赛，有统一的规则和相同的技术手段，这与体育比赛中的技巧、战术完全一样。选手通过日常刻苦的、近乎枯燥的训练，来提高自己与电子设备等比赛器械相关的反应速度和配合等综合能力和素质，依靠技巧和战术水平的发挥，争取在对抗中获得胜利和好成绩。简单地说，电子竞技游戏即是一项体育比赛项目，只不过其器械、比赛环境等是通过信息技术来实现的而已。

2. 资源平衡特征

资源平衡，顾名思义就是指游戏各方参与者在游戏体验中的初始阶段得到的系统分配资源是一致的，同时，在进行游戏对抗过程中获得资源的方式和效率都是一致的。值得注意的是，这里的"资源"指的是广义上的游戏资源，包括英雄技能、兵种属性、初始金钱、获得金钱的途径、可控单位数量上线等。

而这些游戏资源在一般的休闲电子游戏或网络电子游戏中，会有较大的不同，各种游戏资源可以通过多种方式被赋予或取得。如在网络游戏中，玩家通过充值，可以较快地得到大量游戏金币或者道具；在休闲游戏中，玩家可以通过输入密码或修改数据获得无限资源；等等。

3. 时效空间特征

电子游戏自出现就一直有着容易让人沉迷的说法，在我国还一度被认为是一种电子形式的海洛因。这主要是因为很多电子游戏在体验过程中可以不受时间限制，或所扮演的虚拟角色可以不断晋升，并且游戏的空间（地图）可以无限制地拓展。

然而，在电子竞技游戏中，每一局或每一回合的游戏体验和发挥都会受到严格的时间、空间规则限制，游戏参与者所控制的虚拟角色的能力值也不能在其中无限制地发展提升，并且游戏的空间（地图）在一般情况下都是固定不变的。

（二）竞技类电子游戏的附着特征

1. 技术特征

电子竞技是电子信息化技术发展到一定阶段的产物，"电子"是其基本技术特征，电子竞技得以实现，必须借助电子信息技术的各种软硬件和其营造的虚拟环境。这可以理解为传统体育项目当中的器械和场地，不同的是，电子竞技中的"器械"和"场地"均由信息技术来提供。

2. 艺术特征

电子竞技以电子游戏为根基，而电子游戏已越来越被广泛地认为是继绘画、雕刻、建筑、音乐、文学、舞蹈、戏剧、电影八大艺术后的"第九艺术"。电子游戏的艺术本质是"虚拟的真实"（virtual reality），即令游戏玩家跳出第三方旁观者的身份限制，依托电子信息技术营造的虚拟空间，真正融入作品本身。强烈的参与感与交互性使得电子游戏的一切都是围绕游戏者及其所扮演的角色进行的,而不像其他艺术门类,只能服务观众或听众。脱胎于电子游戏的电子竞技显然同样拥有电子游戏"虚拟的真实"的艺术特征。

3. 文化特征

文化是电子竞技的另一个重要特征。随着网络尤其是移动互联网的普及和城市化的推进,聚在一起打游戏、收看电竞比赛网络直播、追捧电竞明星选手、参加电竞俱乐部开放日活动等已经越来越成为时下年轻人流行的生活方式。由于互联网消弭了物理上的空间距离,加上规则的共通性和开放性,当电竞交流的人群不断扩大,甚至跨越国界的时候,电子竞技又成为一种天然的国际语言,成为国家和国家、民族和民族之间文化交流的桥梁。此外,电子竞技产业作为文化产业"大家庭"中的一员,更需承担起文化传播乃至文化输出的重任。近年来,优秀的国产电子竞技游戏无一例外将中国传统文化元素作为亮点与卖点,这足以体现电子竞技的文化特征。

知识拓展

电子游戏的第九艺术之说

创作者不再是作品意义的创作主体,所有的玩家在参与并得到积极反馈的过程中,合作生成艺术作品,产生强烈的、身心愉悦的代入感和沉浸式体验,去中心化的集体叙事打造出全新的互动的、深层次的艺术模式。

艺术的重心从关注意义的确立、创作者主宰艺术世界的一端偏向于关注艺术生成的过程、参与者协同创造艺术空间的一端。

电子游戏作为新媒体的先锋代表,经过近30年的发展,已经将计算机技术、互动媒体技术等进行了完美的应用,成为娱乐产业的主要支柱,同时,也为人类打造出一个日趋完美和强大的虚拟精神家园。尽管世界各国的社会各阶层对电子游戏依然有着不同的认识和部分异议,但是电子游戏产业在各种争议中,继续在与前沿科技、文化、艺术等的多元结合中飞速发展,以其为重要代表的新媒体技术对社会、大众生活方式产生的影响研究也越来越被重视。2011年5月9日,美国联邦政府下属的美国国家艺术基金会正式宣布"电子游戏是一种艺术形式",电子游戏因此可以与广播、电视等项目一起竞争申请最高20万美元的基金赞助。同年6月28日,美国最高法院裁决加州禁止向未成年人出售含有暴力内容视频游戏产品的法律因违反美国宪法而无效。大法官安东尼·斯卡里亚宣称电子游戏是艺术，它应像书籍、漫画、戏剧和其他艺术形式一样受到美国宪法第一修正案的保护。大洋彼岸的美国所产生的来自国家层面的一系列有关游戏产业的政策和决定，都表现了他们对电子游戏是一种艺术形态的认知。具有"世界最大博物馆体系"之称的美国半官方性质的史密森尼博物馆也支持电子游戏是一种新型艺术的观点，该机构于2012年3月16日至9月30日举办了名为"视频游戏的艺术"的展览。

绘画、雕塑、建筑、音乐、文学、舞蹈、戏剧、电影是人们公认的八大艺术形式。电子游戏则获得了"第九艺术"的称谓。美学史上，有多位美学家对游戏与艺术的关系进行过梳理与陈述，这其中，康德、席勒、弗洛伊德、伽达默尔、胡伊青加等人都发表了有影响力的代表性观点和言论，今天的"第九艺术"美学研究，也算是有着相当深厚的理论知识积累。

（一）康德、席勒的游戏艺术理论

康德被称为德国古典美学开山鼻祖，其主要美学思想集中体现在他的《判断力批判》中。他认为艺术不是自然，必须有所创作，但又不能露出造作的痕迹，"艺术也只有使人知其为艺术而又貌似自然时才显得美"，而创作必须通过自由意志和理性。康德定义艺术为"通过以理性为活动基础的意志活动的创造"。创作者需要先设立一个作品的目的，然后根据目的思考作品的形式。"对于美的艺术来说，要达到高度完美，就需要大量的科学知识，例如须熟悉古代语言、古典作家以及历史、考古学等等。"对于电子游戏创作来说，正是遵循了这条思路。制作人会首先考虑一些有趣的点来作为游戏的开发主题选项，然后开始构思游戏的类型和框架。为了使游戏产品具有高度仿真性，制作者会查阅大量相关的文学作品或者历史、地理、风俗、东西方传统文化等参考书籍资料。

康德认为艺术的精髓是自由。自由打通了艺术与游戏的关联。艺术是自由的，而手工艺是挣取报酬的艺术，是一种带有强迫性、不愉快的劳动。"想象力与知解力的自由活动"是艺术创作和欣赏的核心。由其产生的"满足感仿佛总是人的整个生命得到进展的一种感觉，因而也是身体舒畅或健康的感觉"。在康德看来，自由活动和生命力畅通是游戏和艺术的相似处。康德的自由并不是毫无约束的自由，精神的自由和自然规律需要在艺术创作中统一协调。

席勒在美学上受到了康德的很大影响,其美学思想主要见于《审美教育书简》和《论素朴的诗和感伤的诗》中。"游戏"在席勒的美学世界里,也是和自由同义、与强迫对立。它是人的自然拥有的两种冲动——感性冲动与理性冲动在文化教养上维护发展与调和统一出来的结果,从而致使"人就会兼有最丰满的存在和最高度的独立自由",是艺术的起源。"只有当人充分是人的时候,他才游戏;只有当人游戏的时候,他才完全是人。"只有感性冲动,还属于自然人范畴;有了秩序和法则,就进入了理性人范畴;通过审美教育,艺术结合了两种冲动,从而打造出健康的、拥有美的心灵的完整的人。"长期以来人被束缚在物质上面,他一向只是让假象为他的目的服务,一直到他承认假象在理想的艺术中有自己的人格为止。而要做到这一点,在人的整个感觉方式中需要发生一场彻底的革命,不然的话,他甚至连通向理想的道路也找不到。因此,我们在什么地方发现有对纯粹假象做无利害关系的自由评价的痕迹,我们就能推断出那里人的天性已发生了这样一场变革,人身上的人性已经真正开始。""自然从需求的强制或物质的严肃开始,再经过剩余的强制或物质游戏,然后再转入审美游戏。"

电子游戏产品借助其内在的虚拟精神世界,使操作者的感性冲动与理性冲动达到统一和谐,是属于"审美的游戏"。

(二) 电子游戏媒介的艺术性

虽然目前电子游戏艺术还是处在自身发展的初级阶段,还带有探索性和试验性,但是独创的叙事体系将其放在了艺术现代变革与创新进程中极具时效性的活力点上。这种新型网络语言模式与新型艺术模式已经形成一定规模性研究,必将以更成熟的形态出现在世界艺术史上。

艺术家往往通过了解、应用最新技术,传达自身对现实世界的高度关注与干预意识。电子游戏媒介建构了一个与现实世界相对应的虚拟世界。以往的艺术作品,创作者通过作品来传达个人的思考与关怀,受众只能在静置的作品里根据个人的背景捕捉到些许个人理解,而呈现出一对多的传播方式。在电子游戏创造出的全新虚拟世界里,自由得到最大化艺术应用,多元纷繁、互动交叉、极具个人体验性的信息充斥在赛博空间的每个角落,交互、转换、涌现各种无穷尽的新的意义与界定,用数字编码打造出一个全新的数字化空间。这个新生事物打破了时间、空间的概念,对各种平台进行整合,网络技术的应用更是加强了其独有的实时互动性与全球化特点,提供给艺术家们更为广阔的社会反馈面,以及去中心化的叙事方式给受众带来的全新感受，为艺术开辟了新的发展空间与维度。

这个虚拟空间承载了我们的访问、留言、参与、亲历、沉浸与梦想，进入其间的同时，也赋予了我们一起对此艺术作品空间进行实时性创造、改写的能力，虽然看不见、摸不着，但是真实存在，从而给予我们一种上升到艺术哲学与科技工具紧密结合而产生的划时代全新认知体验。在艺术创作者创建的开放性艺术平台上，操作者对作品进行意义的个人诠释并发布于空间，告知、影响其他参与者。纷繁的当下意义生成相当活跃。创作者与参与者、参与者与参与者之间的互动不断延伸和扩展数字文本生成的空间。艺术理念、技术应用及意义的挖掘之间互相渗透、交融，这一动态的、实时更新的、信息爆炸式的过程彻底颠覆了静态的传统的艺术品意义生成、传播路径、发布方式。Virtools、ZBrush、Bodypaint、Mudbox 等各种软件及 VR 头盔等各种硬件的面世与应用，将虚拟世界里的沉浸式、代入式、转换式审美体验发挥到前所未有的高度。比如视频游戏界面对参与者的动作进行捕捉，记录其动作准确性和特点及完成情况，并对所有参与者进行排名等，都大大保持和增强了游戏的参与感。

在电子游戏空间里，参与者不再是完全的传统意义上的被动接受的观众，而是变成了主动参与的玩家。他们参与到任意的数字次空间里，选定任意的角色，对空间叙事进行不同视角的体验，而生成不同文本的一个庞大数字系统。创作者不再是作品意义的创作主体，所有的玩家在参与并得到积极回应的过程中，合作将艺术作品的含义最终生成，产生强大的、身心愉悦的代入感和沉浸式体验，去中心化的集体叙事打造出全新的互动的、深层次的艺术模式。电子游戏打破了传统视听艺术"能指"与"所指"的二元对立，挑战了已有艺术发展理论与模式的局限性，颠覆了主流艺术模式与话语系统，在其之外开辟出一个完全崭新的混合性知觉体验的游戏性艺术世界——"交互性诗学"。艺术的重心从关注意义的确立、创作者主宰艺术世界的一端偏向于关注艺术生成的过程、参与者协同创造艺术空间的一端。

电子游戏作为一种后现代艺术形式，将科技与艺术进行了完美的结合，当沉溺于视听的绚丽享受及互动技术带来的沉浸体验时，我们也有可能一不留神沦为技术的囚奴，而丢失人类应有的情感与理性，在数字编码符号世界里无法找到通往现实世界的出口。很多艺术家都表达了对在机器与技术充斥的时代里，人类的去向与归属的忧虑。因此，在使用编码技术和人机互动技术对虚拟世界进行空间架构及叙事编排、规则制定时，艺术需要对这一制作过程进行引领，对技术力量可能产生的后果进行合适有效的调控。其所带来的前所未有的震撼性心理深层次体验、精神诉求的满足、哲学与艺术的延伸，将带领我们在深刻思考现实世界的同时，积极打造未来的社会发展方向，促进我们对未来文化艺术哲学更深层次的表达与价值思考。在充分认识现实的自身世界后，打造属于人类的一个完美的精神世界的数字乌托邦。

[刘瑾：《电子游戏的第九艺术之说》，载《中国艺术报》2012年8月27日第003版]

思考题

1. 你认为电子竞技游戏是一种什么样的游戏？

思维引导：电子竞技游戏的娱乐属性和竞技属性、电子竞技游戏的资源平衡特征。

2. 为什么说电子游戏可以被看作一门综合性艺术？

思维引导：电子游戏的构成要素、电子游戏的风格差异。

3. 你认为设计一款竞技类的电子游戏需要注意哪些因素？
4. 根据自己的偏好，制作一份具备竞技属性的电子游戏的设计草案。
5. 大胆预测一下什么类型的电子游戏会成为MOBA类游戏的继任者。

第二章　电子竞技的起源与发展

第一节　电子竞技的起源

一、载入电子竞技历史的一场比赛

早期的电子游戏在开发初衷上少有竞技对抗的目的,多数是用于休闲娱乐,或叙述游戏设计师的某些情绪和故事,一般不具备直观的竞技要素。而即便电子游戏中出现了可竞技内容,游戏参与者也并不一定会有意识地去与其他参与者进行规则下的博弈与竞技。

图2-1-1　"银河杯"《太空大战》比赛现场

图片来源:简游君《世界上第一场电竞比赛的奖励居然是本杂志》,https://www.sohu.com/a/402496987_120735682?_trans_=010001_grzy,访问日期:2020年7月22日。

1972年10月,第一个有史可考的电子竞技比赛在斯坦福大学(Stanford University)的人工智能实验室里举行(见图2-1-1)。至于为什么是实验室，因为当时的比赛项目《太空大战》（*Space War*）只有这里的电脑才能够支持运行。这是一场非常小规模的比赛，仅有一群学生和研究员一起围在一台电脑旁，观看比赛选手进行《太空大战》游戏。

比赛结束后，胜者一方获得了由《滚石杂志》（*Rolling Stone*）提供的免费订阅服务。但真正意义上的奖品应该是这个头衔——"银河杯太空大战奥林匹克（Intergalactic Spacewar Olympics）"的冠军。在当时，它只是一次游戏比赛的胜利，但在今天看来，则意义非凡，这是世界上诞生的第一个电子竞技比赛冠军。

二、关于电子竞技起源的探讨

在20世纪70年代，没有普及的计算机软硬件设施，也没有发达的互联网技术，"电子竞技"的概念更是无从谈起。所以，我们现在所探讨的电子竞技起源也是根据其产生所需条件而进行的推断。

回顾电子竞技发展的历程，这种以电子游戏作为载体的竞技方式，也源于电子游戏的竞技机制发展。实现电子竞技需要具备三个关键的因素：一是电子游戏已经具备可竞技的内容；二是人与人之间存在为分胜负而进行对抗竞技的主观意愿；三是公平合理的竞技比赛规则。

在斯坦福大学人工智能实验室里进行的这场电子游戏比赛完全满足了以上所说的这三个关键因素。首先，《太空大战》这款电子游戏具备了可竞技的内容（通过操控己方战机去击破敌人战机获得分数，同时躲避敌人战机的射击，保持生存状态）；其次，这场比赛是以决出胜负的性质进行的，参赛选手存在为分胜负而进行对抗竞技的主观意愿；最后，比赛规则公平合理，甚至产出荣誉和奖励。

知识拓展

电子竞技会使人更容易进入沉浸状态

构成游戏性的各项机制给游戏参与者带来的身心反馈和感官触觉是息息相关的。这正和我们之前提到的"心流理论"存在着密切的关系。通过心流理论，我们得知当人们在进行某些日常活动时会完全投入情境之中，集中注意力时会进入一种沉浸状态。

进入沉浸状态大概有以下鲜明的特点：目标明确、高度专注、自我意识减弱、时间观念逐渐模糊、与游戏之间的互动反馈被放大、能力和挑战之间的平衡越难被把握、当前情境（超出自我控制）、身体需求意识被弱化等。这一系列的特点在电子竞技游戏的体验过程中都会出现，出现的多少取决于参与者专注的程度，而游戏参与者的专注程度又很大程度取决于游戏本身的游戏性。

不仅是现在，早在网吧初兴起的20世纪90年代，我们会发现在网吧玩游戏，尤其是竞技类的对抗游戏，经常会有人玩得废寝忘食。例如一局制的"帝国时代"或是"澄海3C"，持续时间在一小时左右，但是参与游戏者却觉得恍若一眨眼的工夫而已，而且在专注进行游戏的过程中特别讨厌被其他人、其他事所干扰。如果被打断甚至会发怒、暴躁。这是一种高度沉浸状态，游戏中过于困难或是过于简单的对抗一般不会使人出现这种情况。一款电子竞技类游戏如果能够长时间地使游戏参与者进入沉浸状态，就需要在游戏各项机制上下足功夫。

思考题

1. 电子竞技的诞生是偶然还是必然？

思维引导：从电子竞技本质和人的需求角度解读。

2. 为什么电子竞技在20世纪没有流行起来？

思维引导：从社会发展的角度进行解读。

3. 请谈谈电子竞技的出现会给人们的生活带来哪些影响。

思维引导：从多元化发展和生活方式多样化切入。

4. 为什么电子竞技最早不是在中国出现？

思维引导：从中国的发展阶段切入和思考。

第二节　电子竞技的发展

一、科技进步背景下的新竞技运动

2017年10月，国际奥林匹克委员会（International Olympic Committee，

简称IOC)①第六届峰会在瑞士洛桑（Lausanne）举行。会上，代表们对电子竞技产业的快速发展进行了讨论，并最终同意将"电子竞技"视为一项运动。

2018年，电子竞技以表演项目的形式登上了第十八届雅加达亚运会。随后亚洲奥林匹克理事会更是宣布：在2022年举办的第十九届杭州亚运会上，电子竞技将会以正式比赛项目的姿态出现在这场体育竞技盛会的舞台上。

从图2-2-1的数据我们可以看到，在世界范围内，认可电子竞技是一项绿色健康的体育竞技项目的人越来越多。电子竞技如同一颗冉冉升起的新星，人们对其产业的未来估值突破了千亿，而且，电子竞技与诸多传统行业均能够产生交集，开始逐步打破受众年龄层次的约束，继续快速发展。可带来多重效益的美好前景促使多国政府纷纷表示将在城市发展规划中增强建设"电竞城市生态圈"的强烈意愿，电子竞技文化在世界范围内形成了强大的生命力和影响力。

人类信息技术的进步和计算机硬件的普及为电子竞技的发展铺平了前进的道路；人类对生活娱乐多元化的追求和为更强而竞技的本能让电子竞技在世界范围内的全面传播起到了精神引导的重要作用。

但在20世纪末，"电子竞技"的概念是非常模糊的，电子竞技的表现形式主要还是依靠电子游戏的爱好者自发组织。由于计算机硬件体积过大，不便于移动和缺乏互联网平台等条件的限制，电子竞技发展缓慢，几乎没有社会影响力，仅是作为极少数人的一种竞技方式，没有进入大众的视野。虚拟竞技环境意味着电子竞技的发展需要优质的网络联机环境，计算机硬件的提升和局域网联线无法为电子竞技普及提供全面支撑。计算机和互联网技术的突破是电子竞技普及并走向快速发展道路的关键所在。

21世纪初，这两项技术在各国各地区的普及发展水平层次不均，同时，经济危机蔓延全球所带来的影响还未消除，电子竞技的发展在各个国家和地区之间开始产生较大差异。这里重点强调的是韩国，一系列完善的配套设施和政策扶持让韩国电子竞技在20世纪90年代末就得到了与传统体育行业相当的待遇，电视台以及直播平台的支持不仅为韩国电子竞技带来了系统的发展路线和海量的受众群体，更创造了巨大的群体效应。不同国家的玩家都能远程参与到电竞中，促进了电子竞技从"小众项目"到

---

① 国际奥林匹克委员会是一个国际性的、非政府的、非营利的组织，也是奥林匹克运动的领导机构，总部位于瑞士洛桑。

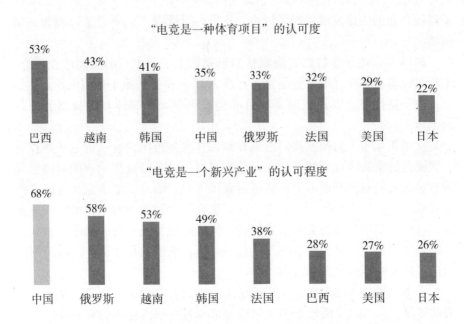

图2-2-1 多国对电子竞技的认可程度调查

注：基于全部调研用户，包括非电竞用户。

图片来源：腾讯电竞《世界与中国：2019年全球电竞运动行业发展报告》，https://xw.qq.com/cmsid/20190621A0QQLD00?f=newdc，访问日期：2020年5月20日。

"全民竞技"的转变。一个全新领域在萌芽阶段，往往不为人所理解、接受，这时就需要一个传播者，用最直接且通俗易懂的方式来帮助人们去了解这个新的事物。传播者普及了新的文化，而新的文化也成就了传播者，韩国即是电子竞技历史上萌芽期的优秀传播者。

二、电子竞技在韩国

韩国本土能够进行输出的原创游戏内容并不多见，但在电子竞技领域却一直位于强者之列。近年来，电子竞技及其衍生的产业可以给韩国带来每年数十亿美元的经济效益。韩国政府重视这项朝阳产业所带来的经济效益，也源源不断地为电子竞技在韩国发展提供政策上的支持。历经多个阶段的蜕变，电子竞技在韩国已经迈入振兴期，成熟的产业生态链运行有序，继续发展的过程已经更偏向于多领域的融合创新。

第二章 电子竞技的起源与发展

韩国的电子竞技萌芽于20世纪80年代，而真正意义上的腾飞始于90年代末。纵观韩国电子竞技发展史，让我们回溯到1997年，呼啸而来的亚洲金融危机致使亚洲经济市场呈现出疲软局面，多国经济受到了沉重打击。韩国的经济受国土资源有限、持依赖型经济模式等限制，同样遭受重创。为实现发展，韩国必须重新审视自身发展模式及产业结构。由于此前国民经济的支柱产业都是以出口为主，受世界经济环境变化的影响过大。因此韩国政府在金融危机时期开始大力扶持一批新兴产业，这些产业不太受资源、土地等传统因素制约，如传媒产业、IT产业、娱乐产业等，电子竞技也受到韩国政府和民众前所未有的关注。没过多久，低成本、易传播的电子竞技节目就占据了韩国各大电视荧幕，层出不穷的各类型电子竞技赛事轮番举办，韩国政府甚至设立了负责游戏和电子竞技相关的管理部门来保障这些节目与赛事的进行。

从今天来看，我们可以将电子竞技在韩国的发展划分为四个主要阶段，每个阶段的推动因素和核心内容都有所不同，它们分别是：韩国政府引导的起步期（1990—2000年）、吸纳受众的增长期（2001—2003年）、赛事推广的稳定期（2004—2006年）和政府规划的振兴期（2007年至今）。各个阶段的主要推动因素和简述内容如表格2-2-1所示。

表2-2-1 电子竞技在韩国的发展阶段

时期	推动因素	核心内容
起步期（1990—2000年）	经济低迷 政府引导	➢ 第一个电子竞技联赛举办 ➢ 第一名职业选手诞生 ➢ 第一支职业队伍诞生 ➢ 第一个电子竞技频道诞生
增长期（2001—2003年）	受众增长 赛事推广	➢ WCG成立 ➢ 两大电子竞技电视台合作 ➢ 职业队联赛开始 ➢ 韩国电子竞技协会成立
稳定期（2004—2006年）	赛事推广 效益稳定	➢ 职业选手人数增长 ➢ 国际赛事影响增长 ➢ 辐射旅游文化和其他产业

续表 2-2-1

时期	推动因素	核心内容
振兴期（2007年至今）	政府规划资金支持	➢ 支持国际电子竞技协议体 ➢ 促进国际电子竞技大会召开 ➢ 全国残疾人电子竞技比赛举办 ➢ 全国游戏新人大赛活动举办

电子竞技在韩国的起步期面临的问题主要是公众对这个新鲜事物的认知较浅，导致受众不多，此时接触并直接参与电子竞技项目的多为以此谋生的职业选手，他们需要通过比赛奖金来实现自我持续发展。当然，电子竞技当时在韩国受众面较窄的原因是多方面的，如游戏项目过于单一、赛事宣传推广缺乏力度、游戏平台交流渠道较少和缺少相关政策支持等。

而在20世纪90年代末期，各大游戏研发商开始接连发布制作精良的游戏作品，能够为电子游戏提供竞技平台的技术也成熟起来，再加上韩国政府的扶持方向出现了指向性转变，多项利好给电子竞技在韩国的发展带来了巨大红利。一时间，社会对电子竞技的关注度直线上升，良好的环境氛围使受众基数大幅增长，官方赛事级别的提升和职业培养体系的完善直接推动了电子竞技产业链的初步成型。电子竞技的参赛者在竞技舞台上展现出的拼搏精神与热血热情极大地刺激了韩国民众消沉的意志，高涨的热情让他们暂时忘记了金融风暴所带来的伤痛，各大媒体开始不遗余力地宣传推广电子竞技。而浪潮的影响是连续性的，在废墟中跃然而起欣欣向荣的电子竞技使得韩国其他传统行业乐于与之产生交集，通过享受红利去重整旗鼓；韩国政府更是为此设立了专门的电子竞技管理部门，整个韩国的电竞生态进入了良性循环的正轨。

21世纪到来后，韩国逐步从经济危机的阴霾中走出，复苏的暖流滋润着向好而生的万物。韩国视频网站和直播平台开始兴起，电视台以及直播平台的支持为韩国电子竞技带来了系统性的发展路线。传播渠道的打通迅速提升了吸纳受众的速度，从而创造出巨大的群体效应和经济效益。一系列完善的配套设施和政策扶持提高了电子竞技在韩国的地位，在韩国大众眼中甚至可以与足球和围棋并列而谈。社会层面的认可，使得越来越多的非游戏玩家有主观意愿进入电子竞技领域谋求发展。

韩国的电子自游戏研发能力较弱，为了保持其在电子竞技领域的竞争力，韩国政府非常重视电子竞技文化传播上的价值，在国内一直营造出一种崇尚电子竞技的风气，使韩国大众在耳濡目染中了解电子竞技、支持电子竞技并参与电子竞技，为电子竞技在韩国的发展打下了坚实的群众基础。

庞大的受众基数让韩国电子竞技行业需要提供更多的内容来满足它成长的需求，发展需求的激增使得韩国电子竞技行业开始意识到封闭的自娱自乐似乎与世界一体化趋势的整体格局有所冲突，亟须找到并打开能够让韩国电子竞技走向世界的大门。终于在2001年，以"世界电子竞技大赛"为名的WCG成为韩国冲出本土电竞的一把钥匙。韩国电子竞技的坚实群众基础为其成功举办具有世界级影响力的电子竞技大赛提供了有力保障，同时，韩国的电子竞技文化也开始走向世界。

值得一提的是，在电子竞技的起步期，韩国有一点与其他国家和地区不同，韩国电视台会设立专门的电子竞技频道，并着力推广，以增强该频道影响力。在这个阶段，频道的电子竞技赛事关注度和社会认可度都非常高。1999年，韩国电竞人建立了世界上第一个游戏电视台——游戏在线（OnGameNet，简称OGN）①，并在同年建立了韩国职业电子竞技协会（Korea eSports Association，简称KeSPA）②。建立了一个由"电子竞技+电视台+协会"构成的三位一体的电子竞技发展模式。韩国电视台提供了电子竞技的传播渠道和电子竞技内容推广变现的途径，这一点是非常重要的。通过电视频道，电子竞技及其相关赛事的传播速度和效率极其快速。到了2006年，韩国已经有1300万个家庭接通并收看电子竞技频道，而当时的韩国人口总数是4700万，由此可见，电子竞技在韩国拥有庞大的群众基数和较高的社会认可度。

三、电子竞技在日本

日本的情况和韩国恰恰相反，作为电子游戏内容的输出大国，诞生了任天堂、索尼、世嘉、科纳美、万代等享誉全球的顶级游戏公司。说日本是电子游戏产业的领跑者实不为过，但以电子游戏作为载体的电子竞技在日本却一直没有得到当地政府和大众市场的青睐。

电子竞技在日本的发展面临诸多问题，其中影响最大的两个问题是：

---

① 游戏在线：韩国的一个电子竞技与游戏电视频道，于2000年7月24日建台，是世界上第一个24小时"专业游戏放送台"。

② 韩国职业电子竞技协会：韩国的一个电子竞技管理机构。

大众市场不认可电子竞技文化和国家政策有约束限制。

首先，日本的电子游戏环境与其他国家和地区有着巨大的差别，虽然有着大量的游戏内容产出，但在日本的游戏市场中，其主流电子游戏基本都是在索尼游戏机①、任天堂游戏机②这样的专属硬件设备上进行的，PC端电子游戏在日本并不流行。

其次，受日本国民文化的影响，日本民众的社会存在和竞争压力较大，但又不愿在表面上展现争强好胜，工作学习外的闲暇时间更希望在电子游戏中得到愉悦与放松，对于在电子游戏中比试技艺和竞争的主观意愿非常低。受到实际生活环境和这些文化思想和的长期浸染，日本国内多数电子游戏用户对竞技类电子游戏没有热情也是情理之中了。

再次，电子竞技的发展离不开赛事宣传与推广，大型赛事的成功举办需要满足很多条件，最关键的就是国家政策。韩国创办的WCG之所以能产生如此大的影响力，甚至推动世界电子竞技向前发展，离不开韩国政府的大力支持。而高级别电子竞技赛事在日本却很难得到推广，这是因为电子竞技赛事在日本没有被认可成正式体育赛事，同时以电子游戏厂商或第三方发起的电子竞技赛事会受到日本《景品表示法》相关条例的限制。根据日本《景品表示法》，经营者为了促进商品销售而向消费者提供的金钱及物品都会被视为奖金，最高上限为10万日元（折合人民币6000元左右），这意味着在日本举办的电子竞技赛事的奖金池上限不会超过10万日元。在这种情况下，电子竞技就失去了吸引受众的一条有力渠道。

最后，日本电子竞技受众基数微小，无法建立成型的电子竞技职业参赛选手培养体系，该领域的核心从业人员的职业生涯道路并不明朗。而且日本国内经济发达，高薪稳定的就业选择较多，从本就微小的受众基数中选拔有望发展为顶尖职业电竞选手的可能性微乎其微。

本地游戏产业的过度超前和独立的游戏文化态度造成了日本电子游戏产业链上"加拉帕戈斯"（Galápagos）现象③的形成，再加上职业道路不明朗和政策限制等因素，电子竞技在日本的发展举步维艰。受限于诸多的不利因素，电子竞技发展在日本国内一直处于停滞状态，而且日本对于其他国家发展电子竞技获得的收效并不关心。从2016年开始，电子竞技热浪

---

① 索尼游戏机：日本索尼公司（Sony）发售的家用电视游戏机。
② 任天堂游戏机：日本任天堂公司（Nintendo）推出的游戏机。
③ "加拉帕戈斯"现象一般指某种产业或产品只在某国国内占有较大市场份额，并会尽量排斥其他同类产品市场份额，形成的一种孤立市场的情况。

第二章　电子竞技的起源与发展

席卷全球的趋势愈发猛烈，日本或许是认识到国内电子竞技过于羸弱，无法在浪潮的红利中分得一杯羹，发展电子竞技的想法在许多日本人心中萌芽。沉默许久之后的发声是在 2018 年，这次发声对电子竞技在日本的发展具有里程碑式的意义。

2018 年初，日本官方宣布，日本电子竞技协会、电子竞技促进组织和日本电子竞技联合会合并成为日本电竞联合协会（Japan eSports Union，简称 JeSU），致力于振兴日本电子竞技市场。协会成立后，首先针对日本非主流的电子竞技赛事发展模式做出了重大调整，凡是在 JeSU 登记为职业选手的运动员将不再受到奖励上限的制约，为更多的职业玩家消减了生活和心理压力，竞技类电子游戏的参与群体认同感在日本得到了史无前例的提升。

2018 年 9 月，相原翼（Aihara Tsubasa）和杉村直纪（Sugimura Naoki）代表日本出征雅加达亚运会，并在作为表演项目的《实况足球 2018》游戏项目上夺得了一枚金牌。这次夺金历程从预选赛前的选拔培训开始就获得了日本网络论坛上的大量跟帖，日本网民已经开始关注他们国家的电子竞技。10 月，《英雄联盟》游戏的 S8 全球总决赛在韩国举行，代表日本参加资格赛的 DFM（DetonatioN Focus Me）战队成功从小组赛进阶淘汰赛，即使在淘汰赛上 0∶3 不敌中国 EDG（EDward Gaming）战队，但这是日本在主流电子竞技项目世界大赛上的一次历史性突破。

我们可以看到，JeSU 成立后所采取的一系列举措为电子竞技在日本的发展带来了转机，日本社会各界开始涌现出进行电子竞技产业融合的一些声音，传统行业伸出的援助开始助力日本电子竞技产业链的生态建设。如日本知名的普利卡（Vプリカ）①、日清食品（日清食品株式会社）② 等日本传统行业巨头都开始赞助电子竞技赛事和职业参赛队伍。

2018 年后，日本虽然没有在电子竞技的世界舞台上大放光彩，但是电子竞技在日本的社会认同度已不可同日而语，传统行业的融合交织为日本电子竞技行业工作者提供了大量就业岗位，职业队和业余队的数量也在稳步增加。就连《反恐精英：全球攻势》（*CSGO*）这样在日本电子游戏市场占有率较低的项目都已经有了十多家俱乐部，分散在日本的各个城市，有的赛事甚至可以吸引超过 30 支战队报名参赛。

种种迹象都表明，日本的电子竞技氛围已经发生了质的转变，虽然尚

---

① 普利卡（Vプリカ），日本的网络专用信用卡公司。
② 日清食品（日清食品株式会社，Nissin Food Products），日本大型的食品公司。

存的一些历史问题仍是电子竞技在日本向前发展的阻力，但勇于跨出改变的一步和敢于转变产业结构的决心可以说明日本正在用行动来摆脱在电子竞技领域过于羸弱的状况。

四、电子竞技在欧美

欧美文化思想开放，热衷于追随新兴事物，计算机软硬件设施也处于世界领先地位，这为电子竞技的发展搭建了一个较高水平的舞台。在1950年前后，科技处于待突破的时期，计算机技术在当时被归于高精尖领域，研发和应用费用都十分昂贵。在那个年代，即使是经济发达的欧美国家，对一般家庭来说，计算机也是一种不敢想象的奢侈品。

1952年，剑桥大学计算机科学家道格拉斯（A. S. Douglas）开发出了史上第一款有记录的电脑游戏《归零与十字》（Noughts & Crosses），这是一款能在计算机上运行的井字游戏。6年后，曾参与开发世界上第一颗原子弹的美国物理学家威廉·辛吉勃森（William Higginbotham）博士开发了一款名叫《双人网球》（Tennis for Two）的电子游戏，这也是世界上第一款可以互动的电子游戏，可互动的游戏状态为人们在电子游戏中进行即时竞技创造了条件。

1962年，麻省理工学院的研究人员开发出了一款名叫《太空大战》（Space War）的电子游戏，但由于硬件批量生产成本太高，这款电子游戏最终未能大规模销售。10年后，以《太空大战》为比赛内容的电子竞技比赛在斯坦福大学的人工智能实验室里举行，这也是人类首次有组织有规模举行且有详细记载的电子竞技赛事。这次赛事满足人与人之间通过电子游戏进行竞技对抗、有公平合理的比赛规则、最终结果可判定胜负，由此，许多观点认为这次比赛是电子竞技的起源。欧美在电子游戏研发领域属于先行的开拓者，受开放性文化的影响，欧美许多电子游戏都带有竞技属性，其游戏受众也欣然接受这些电子游戏中的竞技成分。

20世纪90年代末，西木工作室（Westwood Studios）和美国艺电公司（Electronic Arts）联合发布了《命令与征服：红色警戒》，全效工作室（Ensemble Studios）和微软游戏工作室（Microsoft Game Studios）联合发布了"帝国时代"，这两款具备竞技性和观赏性的即时战略电子游戏将欧美电子竞技引上了一个新高度。同时，在赛事方面，美国的职业电子竞技联盟（Cyber Profession League，简称CPL）和法国的电子竞技世界杯（Electronic Sport World Cup，简称ESWC）也相继成立。在当时，这两项赛事和韩国的世界电子竞技大赛（World Cyber Games，简称WCG）并称为世界三大电子竞技赛事。

"红色警戒"和"帝国时代"的成功使得电子游戏竞技化的领域似乎展现出了前所未有的商机。随即，欧美各大游戏研发商毫不吝啬地投入大量资金，开始对这类游戏进行深层次研发。

1998年，竞技类电子游戏史上的重磅作品——《星际争霸》诞生。当时，暴雪公司的研发人员可能未曾想到这款游戏具备如此强大的生命力，在发布游戏20多年后的今天，全世界各个国家都还存在许多《星际争霸》的游戏爱好者在坚守阵地，韩国甚至保留了该项目的职业联赛。《星际争霸》这款电子游戏在竞技性、平衡性、游戏性上较之前同类型的电子游戏有了较大突破。游戏为各玩家提供了均衡初始资源的战场，在这个游戏战场中，玩家可以从三个种族中选择一个进行操控，在所属地区采集资源、制造建筑、发展科技、生产兵力，最终通过控制操作和战术布局去摧毁对手的兵力和建筑来取得胜利。

高强度、高难度的操作和战术编排保障了《星际争霸》的高观赏性，观众可以通过规模宏大的战场来感受参赛选手的精妙操作和战术构思，甚至讨论他们的技艺水准。《星际争霸》为偏爱竞技类电子游戏的受众提供了丰富内容，迅速获得了世界各地电子竞技爱好者的青睐。

2002年，《魔兽争霸Ⅲ》面世，与《星际争霸》一样出自暴雪娱乐公司。这款魔幻题材的电子游戏发布后，即时战略类电子游戏发展到巅峰时期。相较于《星际争霸》，《魔兽争霸Ⅲ》降低了操作要求，增加了全新的英雄、物品、日夜等系统，并构造了一个庞大的剧情系统。丰富的剧情、更多的选择和可竞技内容、更佳的观赏性为赛事举办与传播提供了优质的内容，再加上舞美灯光和转、直播技术的突破，《魔兽争霸Ⅲ》的竞技舞台开始向世界延伸。

2000年后，欧美电子竞技的发展一直保持发力状态，在《反恐精英》《星际争霸》和《魔兽争霸Ⅲ》这些世界级电子竞技赛事的主流项目中，欧美的电子竞技参赛选手获得过许多佳绩。

从2006年开始，即时战略类电子游戏的影响力开始萎缩，大型第三方电子竞技赛事衰退迹象明显。此时，一张在《魔兽争霸Ⅲ》的地图编辑器里诞生的DOTA地图吸引了许多游戏爱好者，不久后，这张地图将多人即时在线对抗类的电子竞技游戏搬上了历史舞台。

2001—2010年是计算机软硬件飞速发展的十年，也是欧美电子游戏快速更迭换代的十年，从简易射击到回合策略，再从即时战略到多人即时对抗，在欧美，受益于游戏内容的进化与软硬件设施的提升，电子竞技逐步走向成熟。

2009年，拳头游戏在美国发布了一款名为《英雄联盟》的多人即时在线对抗类电子游戏，与此同时，同为美国游戏研发商翘楚的维尔福集团（Valve Corporation，简称Valve)① 也开始着力于DOTA2项目的研发。在接下来的10年，这两款游戏席卷了电子竞技的全球市场。并且，《英雄联盟》的S系列赛事和DOTA2国际邀请赛（TI）分别成为影响力最大和奖金池最高的电子竞技赛事。

电子竞技在欧美地区的活跃为世界电子竞技的有序发展做出了较大贡献，诸多高质量的竞技类电子游戏更是让全世界越来越多的电子游戏爱好者感受到了电竞游戏的独特魅力。同时，欧美电子竞技游戏的原创精神和电子竞技赛事内容模式都为我国电子竞技的全面发展提供了宝贵的经验。

这里值得一提的是，欧美电子竞技赛事运营模式主要围绕使观众享受高质量比赛而展开，其针对的受众群是广大电子竞技爱好者，他们较为看重比赛过程的质量和专业性，所以，舞台布景和电视转播一般以提升观众的观赛感受度为主。

五、电子竞技在中国

电子游戏是电子竞技的载体，在我国，电子游戏具备舶来品的属性，在20世纪70年代开始进入人们的视野。如果从电子游戏来到国内开始计算，电子竞技在中国的发展已历经40余载的风雨。中国电子竞技一路走来能够取得今天这样的成就实属不易，这段历尽千帆的路程可总结为：起步较晚却有着巨大潜力，途径曲折却能够厚积薄发。

（一）新奇的舶来品

电子游戏起源于欧美国家，欧美游戏产业已有半个世纪的历史。而在我国，直到20世纪70年代，改革开放的春风吹遍祖国大地，电子游戏才随着其他舶来品一同开始进入大众的视野。

改革开放初期，全国上下各行各业都处于蓄势奋进的状态，自带娱乐休闲属性的电子游戏并没有受到太多关注，整个游戏产业尚在未成型的萌

---

① 维尔福集团：一家专门开发电子游戏的美国公司，代表作品有《反恐精英》《求生之路》和DOTA2等。

芽阶段，这对于电子竞技在中国的发展来说，是一个无标准、无方向的特殊时期，特殊时期自然会有特殊的产物。插卡游戏机和盗版卡带光碟。因为个人电子计算机（Personal Computer，简称PC）价格昂贵，插卡游戏机成为更多大众家庭的选择；同样也是因为正版游戏卡带和光碟售价较高，没有规范市场的情况下，更多的人会选择售价仅为正版1/10的盗版。

20世纪80年代至90年代，电脑硬件成本开始下降，使更多人能够拥有属于自己的个人电子计算机。与此同时，电子游戏室（网吧的前身）如雨后春笋般在全国各地涌现，主流电子游戏的硬件设备开始从插卡游戏机过渡到个人电子计算机。国内的电子游戏产业也从无到有，产业生态逐渐延伸至电子游戏研发公司、电子游戏宣传公司和电子游戏专业测评。

另外，国家新闻出版署作为电子出版的管理机关，也在这一时期开始加强对游戏等电子出版物的管理。在1996年3月，国家新闻出版署根据国务院《出版管理条例》，颁布了《电子出版物管理暂行规定》。

（二）萌芽期的热爱与坚持

2000年左右，国内网吧产业的兴起，让电子游戏成为大众休闲娱乐的一种新选择。城市乡镇、大江南北遍地开花的网吧都能座无虚席。对于电子竞技在中国的发展而言，网吧行业兴盛，为竞技类电子游戏爱好者提供了交流和练习的平台，也为电子竞技发展创造出一片土壤。而喜忧参半的是，在这个时期，比竞技类电子游戏更受国内游戏爱好者青睐的是网络类电子游戏。网络类电子游戏内无限循环的机制需要游戏玩家投入大量时间和金钱，这会导致自制力较差的儿童和青少年容易沉溺其中，竞技类电子游戏在人们声讨网络类电子游戏的同时一样受到诸多质疑。

究其原因，当时的人们对电子游戏的认知并不深入，不同类型电子游戏之间界限模糊，社会主流的观点是：电子游戏都一样，容易让孩子们沉迷，从而导致学业荒废。竞技类电子游戏自然不会例外，易沉迷、电子海洛因、玩物丧志等负面新闻报道接踵而至，在中国尚处于萌芽期的电子竞技要想向前发展，面临着重重困难。

在大环境对电子游戏和电子竞技并不认可的情况下，早期的电子竞技从业人员（多为早期职业参赛选手）没有选择放弃，他们用坚持和努力捍卫自己的电子竞技梦想。在这个充满各种质疑的时期，正是因为这些人的热情与坚持，电子竞技才能够顺利开出萌芽之花，让更多的人开始领略电子竞技的魅力，并投身于这片前景无限的蓝海。

很多人对电子竞技开始产生憧憬与向往是源于一张马天元（MTY）和

韦齐迪（DEEP）的合照。照片记录的是他们在韩国力克众多世界强敌、拿到2001年WCG《星际争霸》项目的团体世界冠军之后，高举五星红旗站在颁奖台上的场面。这张照片对中国电子竞技正面形象的建立产生了极为深远的影响。正是这些具备世界级影响力的正能量事件，引导着社会对电子游戏和电子竞技认知上的提升，大众开始区别看待不同类型的电子游戏和它们所产生的社会影响。

中央电视台作为国内最具权威性的电视媒体，敏锐地察觉到电子竞技的多重价值，开始制作一个名为《电子竞技世界》的节目，每期时长为55分钟，共由6个板块组成，其中负责电子竞技赛事报道和转播的板块"竞技场"占据节目较多时长，是节目的重头戏。

对电子竞技的支持者来说，2003年11月18日是一个意义非凡的日子。这一天，国家体育总局正式批准将电子竞技列为第99个正式体育竞赛项目，后在2008年改批为第78号。官方对电子竞技做出了定义性解释：电子竞技是一种利用电子设备作为运动器械进行的、人与人之间的智力对抗运动。通过运动，可以锻炼和提高参与者的思维能力、反应能力、心眼四肢协调能力和意志力，培养团队精神。电子竞技也是一种职业，和棋艺等非电子游戏比赛类似。

然而，被国家认可为体育项目的电子竞技并没有像人们想象的那样，立刻迎来一个春天。在2004年4月2日，国家广电总局发布《关于禁止播出电脑网络游戏类节目的通知》，电子竞技相关的节目全部被停播，网吧行业也开始停业整顿，一时间，电子竞技好似被浇了一盆冷水。

在这个对于竞技类电子游戏爱好者来说并不友好的时期，没有成熟的选拔体系，也没有丰厚的奖金，更没有万众瞩目的聚光灯。但这些不利因素并没有改变第一代电竞人对竞技类电子游戏的热爱和为竞技技艺而战的执着。热爱与坚持，让电子竞技在中国扎下了根，也孕育了中国电子竞技文化中敢打敢拼的竞技精神。

（三）平台支撑下的扩张

浩方对战平台（现浩方电竞平台）和VS竞技游戏平台分别发布于2002年和2004年，但由于技术原因，在早期运营时平台的运行并不够稳定，常会出现卡顿、无法链接等问题。即时战略类型的游戏正在进行的每一秒钟都可能导致不同结果的局势变化，所以网络平台提供的游戏体验在这个时期远低于局域网，在这个时期，局域网还是更多竞技类游戏爱好者的优先选择。

网络游戏平台的优势在于游戏参与者不需要线下聚集，可以摆脱地域的限制。经过一段时间的技术完善，这些大型的游戏平台在运行上已经能够保障游戏顺畅和稳定地进行。有了稳定的游戏环境，还不像局域网一样要受到场地的约束，专项节目虽然受到了播出限制，但游戏平台的稳定让电子竞技爱好者有了新的去处，游戏平台环境的稳定让电子竞技受众呈大幅上涨的趋势。2005年后，一个大型游戏平台的注册用户可达千万级，同时在线人数长期能够保持50万以上。可以说，稳定运营下的游戏平台为吸纳电子竞技受众和拓宽发展道路做出了巨大的贡献，电子竞技在中国开始步入一个较为稳定的扩张期。

　　平台越来越好，受众越来越多，但是并没有改变大环境对"电子竞技是玩物丧志"的看法。此时的中国电竞似乎需要一件值得狂欢的大事件来突破被压抑已久的现状。这一次，并未让中国的电子竞技爱好者等待太久，2005年的WCG总决赛上，李晓峰（SKY）在战胜多位强敌后夺得《魔兽争霸Ⅲ》个人项目的总冠军，身披五星红旗登上领奖台。这一刻除了让电子竞技爱好者感受到电子游戏的竞技魅力之外，获得更多的是一种对国家荣誉和在新兴领域被国际认同的自豪感。这个冠军对于电子竞技爱好者来说承载颇多，这次夺冠的意义更在于它开始改变一些人对电子竞技"仅仅是打游戏"的刻板印象。一年后，李晓峰蝉联该项目冠军，并被纳入WCG名人堂。这对电子竞技在中国的发展来说，无异于注入了一支强心剂。2005年前后，《魔兽争霸Ⅲ》成为国内竞技类电子游戏受众最多的一款电子游戏竞技荣誉的召唤、游戏平台的成熟、游戏项目的增多，扩张期的中国电竞迎来了多个利好因素。

　　2006年4月，*Dota All stars* 6.30版本悄然发布，一种全新的电子竞技模式——多人即时在线对抗类诞生了。相比即时战略类（RTS）而言，多人即时在线对抗类可以存在更多打法组合和战术思路，是团队竞技项目。而且个人操作的难度大大降低，从即时战略类统率千军万马到只需关注一个英雄，这无疑降低了参与游戏的门槛。

　　2011年，《英雄联盟》游戏开放中国网络服务器，可爱风格的游戏画面加上简易化的上手难度快速吸引了大量受限于之前竞技类电子游戏高难度而只能观战的游戏爱好者，其中不乏许多女性游戏爱好者。

　　同在2011年，CCTV5《体育人间》播放了一组电子竞技特别节目。其中有第一届*DOTA2*国际邀请赛的介绍内容，最终乌克兰电子竞技俱乐部

Natus Vincere（简称 Na'Vi）①战队夺得冠军，荣获高达百万美元的赛事奖金。在当时，如此巨额的奖金刷新了人们对电子竞技的认知，很多目光敏锐的厂商看到电子竞技将会带来不可估量的巨大商机。

DOTA2 可以看作 DOTA 脱胎换骨的全新版本，拥有更优质的游戏引擎、更美观的游戏界面、更人性化的操作设置和更强大的反作弊支持。对于具备相当大黏性的 DOTA 老玩家来说，未必能够很快地适应，而对于新手来说，这款游戏的上手难度又远大于同类型的《英雄联盟》，所以，2013 年中国网络服务器开放后，DOTA2 并没像预想的那样受到青睐。

2005—2015 年的 10 年间，电子竞技在中国的社会认可度持续上升，大量资本相继涌入，产业生态链不断完善，实现了一个全方位扩张，以一个朝气蓬勃的姿态展现出无限价值。中国电竞整装待发，迎接这个即将到来的黄金时代。

（四）迈向黄金时代

2003 年国家体育总局认定电子竞技为正式体育项目后，并没有为电子竞技在中国的发展带来直升梯式的效应，接下来，中国电竞经历了困难重重的萌芽期和发展缓慢的扩张期，守得云开才见月明，这十余载的风雨路程为随后而来的厚积薄发做好了全面铺垫。

从图 2-2-2 数据来看，2015—2019 年，电子竞技在中国的市场规模呈现出滚雪球式的发展状态，仅仅几年时间，电竞市场的规模就扩大了十几倍，行业领域处处繁花似锦，电子竞技在中国的黄金时代就此到来。

产业倒逼带来了电子竞技领域就业需求的急剧增长，教育部随即在高校专业目录中新增"电子竞技运营与管理"专业，旨在为该领域的人才培养建设提供新路径。2018 年，电子竞技以表演项目的身份登上了雅加达亚运会舞台，中国团队表现出色，夺得冠军，荣誉感、认同感在社会大众中蔓延。随后不久，亚洲奥林匹克理事会宣布将电子竞技列为 2022 年杭州亚运会的正式比赛项目。2019 年，我国人力资源社会保障部发布了多项新职业资格目录，其中，电子竞技员和电子竞技运营师的职业设定意味着电子竞技从业人员职业生涯路径走向正式化。

社会认同、受众增长、产业繁荣、前景巨大，中国电竞行业领域迎来了高速发展的黄金期。

---

① Na'Vi 电子竞技俱乐部：一家乌克兰的电子竞技俱乐部。

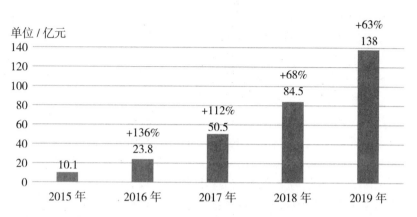

图2-2-2　2015—2019年中国电竞生态市场规模

图片来源：腾讯电竞《世界与中国：2019年全球电竞运动行业发展报告》，https://xw.qq.com/cmsid/20190621A0QQLD00?f=newdc，访问日期：2020年5月24日。

1. 社会认同

经统计，2009—2018年间，《人民日报》对电竞游戏的正面报道达到了92篇，负面报道较之前有所减少。在具体内容上，正面报道主要体现在电子竞技游戏的相关产业和文化方面，而负面报道内容主要是围绕儿童和青少年沉溺方面。换句话说，电子竞技在中国早期发展所延续下来的电子竞技游戏的性质之争仍在继续且没有定论，产业利益和教育功能构成了近十年电子竞技游戏争议的一对核心议题。

2014年9月29日，《人民日报》"国际视点"上刊登了题为《移动电子游戏，文化产业新亮点》的文章。文章指出，随着移动互联网逐渐成为数字时代的一种主流，移动电子游戏也将成为游戏产业的新方向。腾讯超越索尼、微软、EA和暴雪等，成为全球收入最高的上市游戏公司。在网络游戏、手机游戏快速发展的同时，竞技类的电子游戏也获得了广泛关注和认可。异军突起的网络直播产业跟电子竞技产生了强烈的化学反应，一大批具有电子竞技文化特色的直播平台相继投入运营。

2016年10月15日，《人民日报》报道，李克强总理主持召开国务院常务会议，确定进一步扩大国内消费的政策措施，促进服务业发展和经济转型升级，其中特别提到"要出台加快发展健身休闲产业指导意见，因地制宜发展冰雪、山地、水上、汽摩、航空等户外运动和电子竞技等"。

2017年1月17日，一篇题为《玩物有志》的文章在"体验·新职业"系列专栏发布。该文通过电子竞技职业选手黄慧明的故事，证明"打游戏可以是一份正经的工作，可以获得职业参赛选手资格，参加全国大赛，甚至可以代表中国参加国际赛事去为国争光"。4月24日，亚洲奥林匹克理事会正式宣布将电子竞技列为比赛项目，首次比赛将于2022年杭州亚运会上进行。随后，国际奥委会在其峰会上表示，电子竞技应当被视为一种体育运动。

《人民日报》近40年间对电子游戏的新闻报道，似乎就是一部中国电子游戏"正在发生的历史"。从技术的角度看，20世纪80年代和90年代初出现在《人民日报》的电子游戏多为街头游戏机、家用游戏机等主机游戏。到了90年代末，随着家用电脑和网吧的普及，电脑单机游戏和网络游戏逐渐成为主流。2016年后，在智能手机和互联网技术的支持下，电子游戏市场呈现出手游、端游各占半壁江山之势。

从某种意义来说，《人民日报》报道中对竞技类电子游戏的态度如同电子竞技在中国发展的晴雨表。如布尔迪厄所说，各种社会实践就是行为者对场景的诠释和在具体场景下策略的选择，这些实践又成为其他人面对的"社会事实"，被他们所诠释，构成他们行为的条件。理解基于现实历史脉络形成的电子游戏复杂媒介的"镜像"，它们有助于让我们更客观地看待电子游戏和电子竞技在当代中国社会中扮演的角色以及未来发展的一些可能性。

2. 受众增长

电子竞技产业生态链纵横延伸，受众群体已经从原本单一的电子游戏用户拓展到了多个领域的从业者、爱好者和参与者。据2017年第40次《中国互联网络发展状况统计报告》显示，截至2017年6月，我国网民的数量已经多达7.51亿人，电子竞技的直接用户达到2.2亿人，并预计在未来增速放缓的情况下规模仍将持续扩大。增速放缓规模继续扩大的主要原因是电子竞技受众的年龄层次逐渐被打破，《2016—2020年中国电子竞技产业深度调研及投资前景预测报告》显示，我国电子竞技的爱好者虽然一直呈年轻化趋势，但在2016年后，35岁以上的电子竞技爱好者人数开始激增，即便是45岁以上的受众，其人数体量也相当可观。由此可见，电子竞技相较于许多传统体育项目，年龄限制的影响已经越来越小，电子竞技凭借其独特的魅力，让各年龄段的爱好者打破时代差异与代沟走到一起。

3. 热度持久

近几年，国内相继承办了《英雄联盟》S系列赛和DOTA2国际邀请赛等多项世界级赛事，只要开战，一票难求，网络观战者更是不计其数。2017年，电子竞技数据统计网站Esports Charts对《英雄联盟》S7赛季的比赛观看人数做过统计，在线观看人次最高纪录为中国皇族电子竞技俱乐部（Royal Never Give Up，简称 RNG）①对阵韩国电子竞技俱乐部 SK telecom T1（简称 SKT1）的半决赛，同时在线观看人数多达 9787 万。而在一年后的 S8 赛季总决赛上，在线观看人数直接翻倍，突破 2 亿，电子竞技的风光热度此时无二。

主流多人即时在线对抗类电子游戏（DOTA2、LOL 和《王者荣耀》）除独立赛事项目外，更有相当成熟的职业联赛。这些联赛中又以英雄联盟职业联赛（League of Legends Pro League，简称 LPL）②和王者荣耀职业联赛（King Pro League，简称 KPL）③为引流大鳄，在运营过程中可以产出极为可观的经济效益。其他类型的游戏虽然不像多人即时在线对抗类游戏一样，拥有海量固定受众，但为保持原有受众基础和黏性，仍会举办一定规模的城市赛、晋级赛和全国赛等类型的电子竞技比赛。赛事体系的成熟与高效传播途径的建立，为电子竞技在中国保持持久热度提供了有力的保障。

4. 产业繁荣

2016 年后，中国的电子竞技产业布局已经遍及多个领域，呈阶梯状排列，具体如图 2-2-3 所示。

从图 2-2-3 中我们可以看到，电子竞技产业的上游主要被电子游戏研发商和运营商占据。中游产业虽不及上游具核心价值，但作为承接上、下游的中坚力量，其作用是不可小觑的，主要包括电子游戏外设厂商、电子竞技俱乐部和电子竞技赛事运营方。而产业的下游，种类繁多，涉及甚广，一般包括网络转、直播平台，第三方游戏平台，电竞媒体、电竞数据、电竞培训和其他上、中游的衍生产业。上、中、下游一同构成的产业链条十分庞大，运行效率很高，而且产出效益是惊人的，黄金时代的电子竞技处处繁花。

受益于时代浪潮下的产业繁荣，黄金时代的电子竞技产业显现出三个较为明显的特点：竞技类手游潜力巨大、产业洼地价值凸显和竞技类电子游戏属性开始分化。

---

① 皇族电子竞技俱乐部：一家中国的电子竞技俱乐部。
② 英雄联盟职业联赛：中国最高级别的英雄联盟职业比赛，同时也是中国赛区通往每年季中冠军赛和全球总决赛的唯一渠道。
③ 王者荣耀职业联赛：官方最高规格专业晋级赛事。全年分别为春季赛和秋季赛两个赛季，每个赛季分为常规赛、季后赛及总决赛三部分。

电子竞技概论

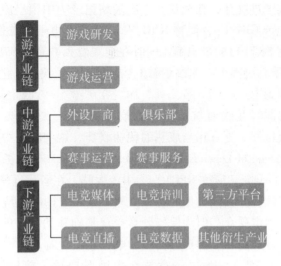

图 2-2-3　电子竞技生态产业链

竞技类手游潜力巨大。由于端游竞技类电子游戏几乎被欧美游戏研发商所垄断，国内的电子游戏在市场稳定后开始寻求新突破，在端游竞争力不足的情况下，国内游戏研发商一致认为需要另辟蹊径，从手游端打开市场。这个选择带来的连锁效应，或许连作为国内游戏巨擘的腾讯公司自己都没有想到，从《王者荣耀》这款现象级产品发布开始，短短两年间，围绕这款游戏建立的游戏研发、俱乐部、赛事、平台、直播、传媒等环节都已具备，整个移动电子竞技产业迅速构建并成型。市场的火热导致各大游戏研发商都开始推出竞技手游来争夺市场的份额。由这些游戏研发商主导的电子竞技赛事也随之到来。原有的手机游戏市场已是一片竞争激烈的红海，而手游中的电竞内容作为一片新启的蓝海，还有巨大的潜能等待发掘。可以说，在国内市场，手游电竞比端游电竞更具有活力，其中最主要的原因是移动端携带便利，能够充分占据人们的碎片化时间，在生活节奏较快的今天，这是一种能有效吸纳受众的方法。当然，膨胀式发展的手游电竞并不是一切利好，目前市面上大多数热门的手游电竞产品都采用移植端游模式再进行简化修改的途径，这种方式在迅速吸纳用户的同时，也面临一个需要认真解决问题：手游电竞目前尚处在一个过度模仿端游的阶段，有着创意不足、机制重复的问题凸显。如不重视并及时改变，手游电竞的魅力迟早会散去，最终会导致用户大量流失。这提醒我们，模仿是起步阶段一种可用的方式，但创造创新才是每个领域保持活力走向卓越的主

第二章 电子竞技的起源与发展

要源动力,创造创新值得我们投入更远的功夫。

产业洼地价值凸显。在2016年以前,赛事传播和赛事场馆可以说是电子竞技领域两块蕴含极高价值的产业洼地。在中国电子竞技发展的早期,很少有公司或个人赞助电子竞技活动,甚至于职业参赛选手,都是自费居多。赞助商多为电子游戏外设厂商,而且在赞助上一般以公司自己的设备作为奖品,很少以奖金形式呈现,即便是WCG这种最高规格的赛事,项目总冠军奖金也只有万元。造成赛事传播价值洼地的最主要原因是电子竞技赛事关注度不高且传播途径十分有限,资本投入后无法变现,所以传统行业的投资者纷纷驻足观望。

从国家禁止电视媒体播出游戏内容到逐步放开,再到收费电视频道开始推广和赛事线上转播,受限于传播平台辐射面小和传播渠道过少,电竞赛事传播在很长一段时间内都处于低谷期。近年来,电子竞技赛事规模电竞用户基数增长迅速,随着互联网直播平台的兴起,赛事线上传播的渠道被打开,赛事传播投入难以变现的问题迎刃而解。传统厂商纷纷涌入,这块曾经不被资本看好的价值洼地瞬间变得炙手可热。(如图2-2-4)

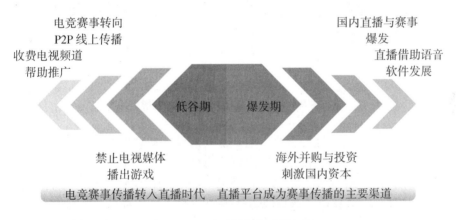

图2-2-4 赛事传播渠道的拓展

而赛事场馆的前身应该是电脑游戏室。在20世纪90年代,电脑游戏室虽然没有像街机厅一样被标记为"三室两厅",但仍然被大众看作不良少年的聚集地。随后,从2000年开始,随着互联网的接入,电脑游戏室纷纷升级为网吧。小规模的网吧赛事虽是电子游戏爱好者们津津乐道的谈资,但并没有产生可以让资本注目的影响。2008—2016年间,中国的经济大环境向好,濒死状态下的网吧产业相继转型为更高档的网咖,以求延续。

  2016年后，规模更大、设备更好、设施更全的电竞体验馆开始出现。伴随激烈的赛事转播和直播、良好的游戏体验环境和激情的现场解说，电竞体验馆成为诸多电子竞技爱好者的好去处。电竞馆的出现，可以说改变了以往赛事场馆的加法式升级，电子竞技文化中心的概念被许多城市提上了议程，作为引流巨擘的线下文化中心，它的建成将推动地区电子竞技文化的传播，调动当地的电子竞技文化氛围，更能加速周边产业的发展。未来的电子竞技文化中心，除了体验电子竞技游戏、观看电子竞技赛事外，更是一个具备配套商圈、电竞周边、活动演出、媒体传播和情景体验的新型商业综合体，为人们提供全新的去处选择。（如图2-2-5）

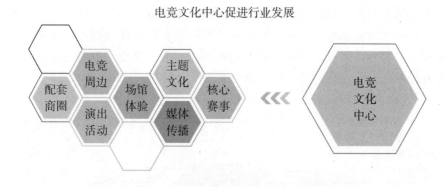

图2-2-5　电子竞技文化中心的辐射作用

  竞技类电子游戏属性分化。电子游戏的设计初衷可能就是用于娱乐休闲或是放松心情，电子游戏从出现竞技属性开始，经历了竞技性不断强化再逐渐削弱的一个过程。从"红色警戒"到"帝国时代"到"魔兽争霸"再到《星际争霸》，电子竞技的竞技属性达到了一个前所未有的高度，但是过高的操作难度和战术构思导致了过高的新手门槛，限制了受众规模的发展。"加法"到顶之后的"减法"开辟了竞技类电子游戏往新的发展道路，《星际争霸》到"魔兽争霸"，到DOTA，再到《英雄联盟》和《王者荣耀》，电子游戏的竞技属性逐步变弱，而娱乐与社交功能逐步增强。本书认为，以电子游戏为载体的电子竞技项目发展到今天，其游戏本质和竞技属性已经开始模糊并融合，品质精良且带有竞技属性的电子游戏，既可以用于娱乐休闲，亦可以用来体育竞技，只是进行的目的、规则和场合存在差异。这样不仅回归了电子游戏的本质，又顺应了体育竞技运动在虚拟世界的发展趋势。值得一提的是，虚拟现实、人工智能这类新技术的突破，又拓展电子竞技与之融合的可能，在未来，电子游戏可能会具有更多的属性。

5. 走入高校

2016年9月，教育部正式将"电子竞技运动与管理"设为《普通高等学校高等职业教育（专科）专业目录》中的增补专业。文件下达后，越来越多的高校相继开设了电子竞技相关的专业或方向。其中不乏中国传媒大学、南京传媒学院、上海戏剧学院、天津体育学院和上海体育学院这样的知名院校。"需求在呼唤"，开设与电子竞技相关的专业符合电子竞技产业发展的迫切需求，也顺应高校各学科融合发展的路径需要。

但是，一些历史遗留下来的固有看法与没有可借鉴的经验，都成为高校开立建设电子竞技相关专业的阻力，所以需要敢为人先的魄力和从实际需求出发的判断力。南京传媒学院非常看好到这个专业和方向的前景，率先成立了国内第一个本科层次的电竞学院，并在专业建设上选择广发展、精研究的道路，历经四年，南京传媒学院的电子竞技教育已经涵盖运营策划、电竞游戏美术、电竞解说与主播和电竞游戏编码编程四大板块，并逐渐摸索出一套适合高等本科院校培育电子竞技领域人才的有效教学模式。

6. 新型职业

职业从事电子竞技内容的岗位在我国最早始于职业参赛选手，随后产业发展带来了许多新类型的就业岗位，如电竞+播音的电竞解说和电竞主播、电竞+服饰的角色扮演（costume play，简称 cosplay）①、服装和角色扮演爱好者（cos player）、电竞+运营的电竞运营师、电竞+策划的电竞游戏策划和电竞赛事策划等。虽然岗位的种类已经不少，从业人员的数量也达到了一定量级，但这些从业人员并没有一个与工作内容相符的正式职业身份，这对于行业发展是不利的。

2019年，国家人力资源和社会保障部正式发布了13个由国家认可的全新职业，其中"电子竞技运营师"和"电子竞技员"赫然在列。电子竞技领域新职业的发布，有利于在整个电竞行业内部形成一种积极的导向，提高从业人员的热情，改善人力资源市场服务，并为劳动者就业、高校教学方法改革和学生求学等提供有益有效的科学指导。

7. 关于未来电子竞技发展的探讨

电子竞技在中国正处于一个高速发展的阶段，发展电子竞技产业从市

---

① 角色扮演：指利用服装、饰品、道具以及化妆来扮演动漫作品、游戏中的人物角色。

场经济的战略布局来说意义深远，大众、企业和社会都希望政府能够出台更多的政策来规范和引导整个电子竞技行业健康向上发展。

对于电子竞技的未来发展，本书认为，应当明确和规范电子竞技领域的职业生涯道路。

一是必须明确电子竞技的性质和发展模式。在这一点上，可以借鉴电子竞技产业发展较好的国家和地区的一些经验，制定更实际有效且符合我国电子竞技发展需求的政策。结合电子竞技市场娱乐和体育分化发展的实际情况，在电子游戏提供人们娱乐休闲途径的同时进一步明确电子竞技的职业化道路。

二是更为客观地看待电子游戏的负面影响。在过去，社会看待电子游戏往往持负面态度，但事实证明，这既不合理，也不可能使沉溺于电子游戏的青少年儿童迅速转化。从过往经验和实际情况来看，社会应当转变这种"打电子游戏就是于不务正业"的偏激看法，转而用更科学合理的方式对少年儿童进行思想引导，正确地看待电子游戏所带来的影响。

三是密切关注与电子竞技相关的信息技术突破。电子竞技是与信息技术紧密相连的两个领域，目前大数据与人工智能技术在各个领域中的应用均取得了相当的成绩，在电子竞技领域中同样也可以成就不凡。我们应当抓住这些技术的突破，引领整个电子竞技行业向更健康、更有趣、更积极的方向发展。

知识拓展

世界著名游戏研发商——暴雪娱乐

暴雪娱乐公司（以下简称"暴雪"，Blizzard Entertainment）在电子游戏领域向前发展的过程中有着举足轻重的作用，也是电子游戏开发领域的先行者和大成者。从20世纪90年代开始算起，暴雪相继发布了"星际争霸"系列、"魔兽争霸"系列、"暗黑破坏神"系列，及《守望先锋》《风暴英雄》和《炉石传说》等游戏作品，款款精品，风靡全球。得益于这些制作精良的电子游戏创作（尤其是竞技类电子游戏），公司斩获了电子游戏领域大小奖项无数，打出了"暴雪出品，必属精品"的口号，也吸纳了成千上万来自不同国家和地区的游戏爱好者，享誉全球的同时也赢得了良好的社会评价。《人民日报》如是说道："美国有家全球最大的游戏设计公司，在全球拥有数以千万计的铁杆玩家，每每翘首期盼它推出新款游戏，

第二章 电子竞技的起源与发展

可人家自己却不急,一款经典游戏可以开发10年才最终面世,但就是这款游戏却可以让人玩10年甚至更长时间。它用先进的技术手段,将西方神话元素熔于一炉,创造了一个恢宏的世界。"(评论内容摘自《人民日报》2013年10月23日第17版)

为了保持粉丝活跃度与用户黏性,暴雪除了提供平台互动、邮件追踪和调查问卷以外,还会定期举办规模盛大的嘉年华活动,为一些来自世界各地的游戏爱好者提供一次"朝圣"之旅。时至今日,暴雪产业已经不仅仅停留在研发电子游戏层面,凭借其电子游戏强大的传播力,暴雪游戏已经成为一种跨越国界的文化,融入人们的生活。

按照时间的进程,我们来看看这家大型游戏研发公司的发展路径:

1991年2月,三名来自加利福尼亚大学洛杉矶分校的毕业生——迈克·莫汉、艾伦·亚德翰以及弗兰克·皮尔斯用手头仅有的大约三万美元资金建立了一家游戏公司——硅与神经键(Silicon & Synapse)公司。

1994年之前,硅与神经键公司的主要业务还是为其他游戏公司开发游戏端口。

1994年,硅与神经键公司被一家名为戴维森(Davidson & Associates)的教育软件公司以675万美元的价格收购。其后,硅与神经键公司改名为"混沌工作室",随后更名为"暴雪"。同年,暴雪发布了一部作品——《魔兽争霸》,并最终斩获了包括国际消费类电子产品展览会1995年创新奖、美国互动艺术与科学学会1995年最佳战略决赛在内的诸多奖项。在当时,游戏公司开发一款产品并不需要高额的费用,但回报却相当丰厚。所以,一套《魔兽争霸》就为暴雪赚得了足够的再生产资本。1995年,暴雪趁热打铁,推出了《魔兽争霸Ⅱ》,获得了更大的成功,销量超过百万。

1996年,暴雪收购了秃鹫游戏(Condor Games)。如果说,暴雪被戴维森公司收购是为了获得充裕的资金后盾的话,那么,收购秃鹫游戏公司则让暴雪如虎添翼,拥有了一批软件研发精英。

1996年12月,暴雪发布了《暗黑破坏神》,以此为契机,暴雪也正式启用了他们的在线游戏服务器——战网。战网的出现,象征着暴雪对互联网时代的敏锐触觉与准确把握。

1998年,发布《星际争霸》,毫无疑问这是一部开创历史的游戏,即便没有接触过这款游戏的玩家,应该也听说过这款游戏当年的盛况,100万套预备销售量三个月内被抢购一空,成为当年全球销售量最大的游戏。1999年,《星际争霸》轰动韩国,销售量突破百万套,韩国也因此成了《星际争霸》的最大用户国。截止到2009年,《星际争霸》在全球范围内售出超过 1100 万套。

从 1991 年至 2000 年，暴雪经历过两次并购，一次被他人收购，另一次收购他人，员工增长了 10 倍，暴雪奉行近于"能量守恒"的适度扩张，而不是为贪大而无限膨胀。在产品开发上，牢牢把握质与量的平衡关系，精品意识是暴雪的经营准则。当多如过江之鲫的游戏公司恨不得每月推出一款新游戏，一窝蜂争抢市场份额之时，暴雪则凭借对玩家的深入了解、对品质的不断追求、对游戏的持续创新，获得了独树一帜的成功。到 2000 年时，暴雪已从仅有 15 人的小工作室发展成为一家拥有 150 名员工、游戏开发与技术并举的国际著名游戏研发公司。适度扩张、精品战略，可谓暴雪成功的关键。

2002 年 7 月，《魔兽争霸Ⅲ》上市，仅一年的时间销量就突破了 300 万套。随后在 2003 年，该款游戏被全球权威媒体评为年度最佳 PC 游戏。2003 年 7 月 1 日，在资料片《魔兽争霸Ⅲ：冰封王座》全球同步发行的同时，暴雪正式宣布了《魔兽世界》的开发计划，暴雪公司在随后的十年几乎都是围绕着《魔兽世界》项目而展开的（其实暴雪还对另一《泰坦》项目进行了大量投入，可惜后来因为种种原因而夭折，直到 2016 年，暴雪使用《泰坦》的部分内容改造推出了《守望先锋》）。

2014 年，暴雪发布了《炉石传说：魔兽英雄传》，并且得到了不错的反响。这款卡牌游戏因为高趣味性和可玩性，不久便被许多电竞游戏爱好者所接受。

2016 年，暴雪发布《守望先锋》，集合 MOBA 类与 FPS 类的全新游戏模式，让这部游戏作品也成为当年业界的热点话题，更以其宏大的世界观以及深刻的人物刻画使得全世界玩家为之疯狂。发布半年后，《守望先锋》玩家就突破了 3500 万。该款游戏连续荣获 2016 年和 2017 年全球游戏大奖（The Game Awards，简称 TGA）[①] 最佳电子竞技游戏奖。

（百度百科：暴雪娱乐公司，https://baike.baidu.com/item/暴雪娱乐公司/2250877?fromtitle=%E6%9A%B4%E9%9B%AA%E5%A8%B1%E4%B9%90&fromid=1277972&fr=aladdin，访问日期：2020 年 3 月 6 日）

---

① 游戏大奖：美国的一个年度电子游戏奖项，用于表彰过去一年里发售的优秀游戏作品。

思考题

1. 你认为电子竞技的诞生需要具备哪些条件?
2. 寻找一些早期的电子游戏,并分析它们是否能够用于竞技。
3. 电子竞技游戏的诞生给人们的生活带来了哪些影响?谈谈你对电子竞技诞生的一些看法。
4. 有人说电子竞技的出现是一种偶然的机遇,还有人说电子竞技的出现是一种必然,请从社会发展规律和人类竞技需求的角度切入,谈谈你的想法。
5. 韩国是一个电子游戏内容的输出小国,却可以成为一个电子竞技的强国,请分析电子竞技在韩国的发展路径,思考我国可以在哪些方面进行借鉴。
6. 欧美和日本在游戏内容输出上都比较成功,而电子竞技的发展却截然不同,为什么?
7. 电子竞技在我国的发展主要受到了哪些因素的影响?
8. 如何看待电子竞技发展过程中体育和娱乐的分化现象?
9. 资本涌入会给电子竞技行业发展带来哪些变化?
10. 电子竞技的社会认同度提升是如何实现的?
11. 有人说移动端电子竞技的兴起对于电子竞技来说是一种退化,你怎么看?
12. 请结合课程所学内容,谈谈电子竞技的未来发展趋势。

第三章　电子竞技的构成要素

第一节　主体要素

　　每一阶段，人类都会在时代的竞技场上烙下特殊的印记，谱写属于那个时代的传奇。人类在发展，时代在变迁，不变的是人类对更高、更快、更强的追求。在信息时代的今天，以电子游戏为载体的电子竞技逐渐被世界各地的人们所认可，越来越多的体育盛会为电子竞技开放席位，在人类竞技的大舞台上，电子竞技开始展现其独有的风采。

　　为什么电子游戏适用于体育竞技呢？为什么竞技的舞台会延伸至原本用于休闲娱乐的电子游戏呢？电子竞技游戏在研发过程中要考虑哪些方面的因素？本书将电子竞技的构成划分为主体要素和非主体要素，非主体要素在游戏体验中一般来说并不会以较为直观的方式展现，而主体要素则蕴含在电子游戏中，主要由游戏本身的可判定胜负的游戏结果、可重复训练的竞技内容、机制丰富的游戏性、存在观赏价值和可持续研发构成。

一、可判定胜负的游戏结果

　　可判定胜负是竞技场上最根本的原则，同样也适用于电子竞技游戏。电子竞技游戏，要先有竞技，然后才是电子游戏。竞技，就是比拼技艺并获得结果，自然会有胜负高低的评判，而游戏则可以只考虑开心与否。就电子竞技游戏而言，游戏最后的胜负判定可以看作电子竞技游戏价值存在的核心。如果一场电子竞技游戏不能判定输赢胜负，那么就不能冠以"竞技"之名。

　　值得注意的是，在游戏的发展历程中，很多竞技类电子游戏同样也是可以用来休闲娱乐的。例如，竞技性很强的电子竞技游戏《星际争霸》同样具有可以进行战役，或是使用地图编辑器生成的RPG型地图进行游戏体验游戏的休闲娱乐性。

　　虽然电子竞技游戏有休闲娱乐的属性，但其核心的游戏性在于竞技是不会改变的。作为一款电子竞技游戏，必须具备可判定胜负的功能（这种功能可以是系统默认,也可以是人为判定的),所以说,以竞技为目的发起的每一局游戏可判定胜负是一种必然。

电子竞技游戏可以包含一些娱乐休闲的功能,但可判定胜负的功能绝对是首要的。我们还可以从传统的体育竞技项目来理解,例如,足球、篮球、乒乓球运动,很多人进行这类运动的目的并不在于竞技而是锻炼身体,或者出于喜好等,此时并不需要判定胜负输赢。但当这些运动项目以竞技为目的进行的时候,胜负输赢的判定就必然存在了。

二、可重复训练的竞技内容

竞技类电子游戏的核心价值在于"竞技"。其游戏构成中的可竞技性对游戏本身而言是至关重要的。而技术水平对比赛胜负的影响程度和比赛对技能水平的展示程度是直观体现"可竞技"的两种具体方式。

先来看技术水平对比赛胜负的影响程度。假设游戏胜负的影响因素的总量为恒定值一百,如果游戏中没有任何随机不定的因素,那么该游戏的竞技性就为一百,随着随机性因素的增加,其对游戏胜负的影响加大,游戏的竞技性越小。例如,围棋双方在博弈的过程中,只能按照回合制规则轮流布局棋子,仅仅在谁先谁后上存在一定的随机性,所以围棋的竞技性是非常高的;再以扑克牌游戏为例,绝大多数的扑克牌游戏虽然有竞技性,但是抓牌的随机性对双方胜负的影响巨大,所以很多扑克牌游戏的竞技性要低于围棋。我们再看猜大小的游戏,假设由机器恒定摇骰子,选择大小在概率上是一致的,并无任何技术性可言,这类游戏就不存在竞技性。

电子游戏中的随机性元素是非常多的,只有极少数的游戏完全没有随机性元素(例如弹珠弹跳的原始版本:玩家通过一根恒定可移动的收发器,在发射弹珠后通过击打弹珠消除正上方的所有能量块)。这种游戏虽然具有竞技性,但在游戏性和观赏性上则大打折扣。电子游戏发展至今,在竞技性允许的范围内增添一定的随机性是被允许的,而且这也从另一个角度考验了游戏参与者对相对不可控因素的把控能力。例如,《英雄联盟》游戏中,每一个英雄、中立生物、防御设施的攻击属性都是一个范围值,但这并不会对游戏胜负产生绝对影响。DOTA2 中也是如此,甚至有些技能的使用也具有随机性,但是这对整场游戏胜负的影响却是微乎其微的。还有一种观点认为,合理的随机性加入可以使游戏的竞技性得到提升,因为能够有效计算和把控一些不确定因素也是竞技运动员的一项能力。

再来看比赛中技艺水平的展示程度。足球运动的竞技性更强还是举重运动的竞技性更强呢？很多人会认为足球运动的竞技性更强，因为足球运动对人的综合技能，如高强度的身体对抗、带球传球的技术、团队配合的技术、整场比赛把握节奏的技术等，而举重运动相对于足球运动来说，需要考虑到的技术层面就会少一些要求更高。所以相对而言足球的竞技性更强。

电子游戏中技艺水平的展示程度就更加显而易见了。一般的休闲类游戏不会涉及太多的技艺层面，主要以画面感官和纯粹的游戏模拟体验为主；而竞技性越强的游戏对游戏参与者大脑意识、身体操作和身心协调等能力的要求就越高。例如竞技性很强的《星际争霸》游戏中，可控人口（unit）总数可以达到200人，而且地图内的可变性资源种类繁多，兵种搭配也具有很大的可选择性，尤其是在大型地图上对抗时，游戏参与者的多线操作能力和战局意识能力就更加受到考验。所以，游戏中能展现的技艺就非常丰富了，一般的玩家也无法达到很多高水准的精确操作和战略部署。《俄罗斯方块》游戏中的可变性资源就远不及《星际争霸》多，虽然《俄罗斯方块》也是一种竞技游戏，但是在竞技性上是无法和《星际争霸》相提并论的。

竞技要素中还包含"挑战"。在之前，我们提出了这样一个问题：游戏制作者出于何种目的要进行这样"影响游戏平衡"的更新呢？这个问题的答案就涉及一个新的游戏设置元素——挑战。

挑战，这个词语包含了三层释义：

一是激使敌方出战。

二谓首开衅端。

三是鼓动对方与自己竞赛。

在电子竞技游戏中，游戏提供游戏玩家不同程度的挑战是一种必须。我们以 DOTA2 这款游戏为案例对挑战进行解析。

首先，从游戏的观赏性角度来考虑，在观看比赛的过程中，观众的观看体验与满足感主要就是来自竞技双方的摩擦与交战，例如正补、反补、打断回复类型的道具、多人技能衔接和一些预判性操作等。我们会发现，如果双方阵营都是防守型的和平打法的话，比赛的观看体验将非常枯燥无味。纵观近几届 DOTA2 国际邀请赛（TI），在游戏的中单（MID）位置上，每一个版本都会有几个略微强势的英雄可供选择，例如 TI 5 期间的拉席克（Leshrac）、痛苦女王（Queen of Pain），TI 6 期间的殁境神蚀者（Outworld Devourer）、祈求者（Kaer Invoker），TI 7 期间的风暴之灵（Storm Spirit）、影魔（Shadow Fiend）等。这些英雄在一段时间的游戏体验后被游戏体验者们发现的最优选择。① 这些最优选择的英雄上场，就会更容易（当然不排除存在有玩家即便使用冷门英雄也能达到反压制的效果，或是使用最优选择操作失误等情况）造成敌我双方同位置下某一方被压制的情况，当一方建立了优势，就会出现很多挑战性质的交战，例如越塔强杀、一打二强行击杀后撤离、主动触发团战等。这样一来，电子竞技比赛的可观赏性就大幅提升了。

然后，从游戏的可竞技性上来说，如果在游戏里不存在"挑战"到"破局"的情形，一场比赛的时间节奏就会变得冗长，这样也是不利于比赛发展的。为了更好地达到打破"平衡"的"破局"，竞技类电子游戏往往会在游戏中设置许多用于"破局"的资源条件或剧情元素，例如《绝地求生》中的毒圈、DOTA2 中的肉山大魔王、《英雄联盟》中的大龙小龙等。设置这些可争夺资源或是剧情，游戏的竞技性可以得到一定程度的提升。

DOTA2 的肉山大魔王（Roshan）领域②往往是双方一决胜负的场地，同时，触发的团战也是展现双方队伍技艺最高水准的时刻。

其次，我们再从游戏的发展延续角度来看，DOTA2 游戏中设置了一百多位可供选择的英雄。但在不同的版本更新中，大多数的游戏玩家都只会在一定区域内进行选择，每一个版本设置些许不同的略强势的英雄，能让大多数游戏参与者对更多的英雄进行选择，而不是让这些英雄只存在于摆设或是各大比赛中。任何一款游戏，只有让其所有内容都能够让尽可能多的参与者体验到，才能让游戏本身具备更长久、更强大的生命力。

最后，对于一些本就需要高难度技巧的英雄、道具、技能组合使用，游戏参与者自发的自我挑战也是广为存在的。例如 DOTA2 游戏中的影魔、祈求者、地卜师（Meepo）等操作难度系数极高的英雄，或是原力法杖、跳刀等高难度系数的道具，他们的高难度和多样性使用使得游戏参与者需要进行更多的训练，才能从熟悉至熟练甚至是创造性使用。

---

① 这些最优选择往往是由某些胜率统计得出，或是某些超水平体验者的精彩发挥和某些参与者在同水平竞技的反复体验后得出的。

② 这一块领域离双方的补给区距离相似，而且地形对于双方来说也是一致的，比起上高地或是推塔的过程更具平衡性。

三、机制丰富的游戏性

游戏性这一说法来源于英文"gameplay",该词最早见于1999年杰夫·霍兰德(Geoff Howland)发表的《游戏性的焦点》(*The Focus of Gameplay*)一文。游戏性是游戏的核心本质,通俗的说法是,一种使得游戏好玩的特性,包括游戏的操作方法、游戏的参与体验和游戏与人之间的互动三重含义。

竞技类电子游戏发展至今,在竞技模式、操作方法、规则机制上都趋于完善,游戏性中涉及的机制也是逐步增多的,目前主要包括空间、时间、单位、概率、规则、难度等。

(一) 空间机制

每一个电子竞技游戏都建立于某种空间场景之中,例如《英雄联盟》的召唤师峡谷、《反恐精英》的沙漠地图、《头文字D》的秋名山赛道等。空间场景是竞技游戏甚至是所有游戏进行过程的载体,它定义了游戏存在的各种可能和范围,以及在空间场景内的其他机制如何进行关联。从数学结构角度上看,游戏空间场景有三个成立的必要条件:第一,空间场景是分离或是连接的;第二,空间场景是具有一定数量的维度;第三,具有连接或是不连接的有界区域。

(二) 时间机制

现实世界中的时间是不以人的意志为转移的,但是在电子竞技的游戏中,时间是可控的。

空间场景的分离或是连接,这种情况在游戏的"时间"上也适用,电子竞技中存在的回合制游戏就是典型。在回合制游戏里,每一个回合都是一个分离的时间单位,最终的游戏结果并不在意你每一个分离时间单位中的时间消耗。例如在《炉石传说:魔兽英雄传》游戏中,你出一张牌的时间可以是1s,也可以是30s,甚至是等到分离时间耗尽系统自动出牌。

除了回合制游戏模式外,还有很多游戏是在即时时间下进行的,如即时战略类和多人在线对抗类。

值得一提的是,当游戏或是比赛出现情况的时候,玩家或是参赛选手可以使用游戏中的"暂停"功能使得游戏时间完全停止,这也是游戏中时间可控性的一种体现。

（三）单位机制

在电子游戏中，游戏单位是固定或可变化的，但是都不会超出游戏的空间范畴。英雄、兵种、建筑、中立生物等都属于游戏单位。

在单位机制的范畴里，参与者可以进行虚拟的角色扮演，并从该角色的处境和场合出发，进行思考、表达和活动；也可以进行创造，例如在即时战略游戏（RTS）中创造一支不同兵种的军队，在塔防游戏（tower defence game，简称TD）中创造不同类型的防御塔搭配；还可以使单位进行成长。游戏中的单位成长是指由低级或简单形态向较高级或复杂形态发展，或者是在数量、价值或力量上的增长。在电子竞技类游戏中多表现为英雄、装备升级和建筑等级的提升。

单位管理和操作在电子竞技游戏中具有技艺和趣味性的双重意义：其一是促进管理性思考，使得游戏参与者必须运用谋略和部署进行游戏才能赢得胜利；其二是将参与者置于较高的掌控全盘的位置，让游戏体验中更具有权利在握和掌控大局的乐趣。

（四）行为机制

行为机制，就是游戏参与者能在游戏中做什么，一个电子竞技游戏的竞技性高低很大程度上取决于游戏内的行为机制。如在《套马杆》游戏中，参与者只需要使用回车键控制绳索，将绳索扔出，套中移动中的马匹即可。而在《帝国时代》游戏中，仅有"农民"这一种游戏单位，参与者就要控制其进行开采资源、建造房屋、探索地图等行为，随着游戏过程的进展，要控制的单位种类和数量增加，要进行的行为也就自然增长了。在有的电子竞技游戏中，还会存在一些例如"英雄"的"高级"单位，他们不光可以执行基本行为，还可以进行一些释放技能或触发额外剧情的复合行为。

（五）概率机制

这是竞技游戏，还是运气游戏？首先，我们不质疑田径赛场上短跑100米的竞技性。我们来试分析一个假设："博尔特（Usain Bolt）有很大的概率在2008年北京奥运会上夺得100米短跑的冠军并创造新的世界纪录"中所陈述的"很大概率"要如何才能实现。

第一，夺得冠军。那么，博尔特就要跑得比其他所有参赛选手快，这并不存在要跑出怎样的成绩，只需比同时竞争的参赛选手快即可。

第二，创造新的世界纪录。由于记录已是定数，是不存在可变因素的，这就需要博尔特能够跑出优于原有世界纪录的成绩。

然后，我们再来看这两点发生的概率。单独做到第一点的情况有很多种：博尔特发挥很好，跑得比其他参赛者快；博尔特跑得不快，但是其他参赛选手更慢；其他选手同时退赛。第二点有且只有一种情况，那就是跑出史无前例的成绩，一个参赛者跑出一个新纪录很可能受到多方面因素，如身体状态、场地的适应程度、天气、风向、甚至是心情的影响，若要同时都满足，概率则偏低。

这些概率的发生会涉及竞技规则、时间、空间、参与者、比赛过程等，并相互作用。概率意味着不确定性。从概率学角度来说，没有确切发生的事情都存在一定的概率。媒体之所以如此预测，是基于博尔特近期比赛的良好发挥和其稳定的竞技状态，同时观察到同期并未存在有力的竞争者而得出的。

概率在游戏性中也是不可或缺的一部分，概率的存在就表示着随机性事件发生的可能。在电子竞技游戏中，存在合理适当的随机性事件是非常有必要的，也不会对游戏本身的竞技性产生绝对影响。例如，在 *DOTA2* 游戏中，每隔两分钟刷新的河道里的"功能神符"，英雄在拾取之后会提升某一方面的属性或得到某种能力，但是出现在地图河道的上方还是下方，出现哪种类型的"功能神符"均是随机性事件。

（六）规则机制

电子竞技游戏的规则定义了游戏空间、时间、单位、行为以及游戏目的，毫无疑问是一项基础机制。规则机制包括游戏操作规则、游戏基础规则、游戏行为规则、游戏赛事规则、官方制定规则和建议性规则等。

游戏性中除了这些机制以外，还需要摄入一些其他元素，例如沉浸元素、群聚元素、益智元素等。这些机制和元素从多元角度完善和丰富游戏性，才使得一款电子竞技游戏具备极强的可玩性。

（七）难度机制

难度可以理解为简单与复杂的关系。"当再没有什么细节可以进行删减而不是增加时，就差不多抵达完美的境界了。"法国著名的作家、飞行家安托万·德·圣-埃克苏佩里（Antoine de Saint-Exupéry）对难度有如是见解。

电子竞技游戏是复杂好还是简单好？这看起来是一个矛盾问题。在简单和复杂中取得一个合适的平衡点是非常困难而又必须做到的。

复杂，可以分为固有（主要体现在竞技规则上）和变数（主要体现在进行方式上）两种。这和传统体育竞技项目是一致的。例如，马术的固有复杂性高，而足球的变数复杂性高。围棋运动则是一种固有性和变数性反差很大的传统竞技运动，其规则非常简单，但是在游戏进行的过程中会产生成千上万种变化。电子竞技游戏也是如此，例如，流行过一段时间的《跳格子》游戏虽然规则单一，但是每一步的技巧变化都是存在的。

通过复杂的固有性和变数性，我们再回到"电子竞技游戏是复杂好还是简单好"这个问题上来。在这一环节我们以大量的即时战略类游戏来作为案例进行分析。

首先，来看游戏本身固有的复杂性，这个复杂性一般体现在游戏规则、可控制单位、可购买物品、可施放技能数量多和地图结构组成复杂上。如果一个游戏在体验之前要钻研大量的游戏规则，那么进入游戏的体验者数量就首先会被"腰斩"。控制单位、可购买物品、可施放技能数量多，再加上地图结构组成复杂，更会把很多人拒之门外，《星际争霸》和《魔兽争霸Ⅲ》这类即时战略游戏就是如此。它们虽然有着细腻的画面、宏伟的故事背景、强大的竞技挑战等诸多要素，但仍然由于其固有复杂性，使得进入高水平（对很多参与者来说甚至是熟悉游戏）的门槛让人望洋兴叹。

接下来看控制游戏难度中的另一个因素——变数。顾名思义，就是会产生很多种可能性。与概率不同的是，这种变数是可控的。

在《星际争霸》游戏中，除了控制单位、可购买物品、可施放技能数量多这些让人很难迅速上手的固有因素，更有基于这些固有而产生的更多的变数——固有因素的单位搭配和技能组合，甚至是种族之间的配合。

这种变故在《魔兽争霸Ⅲ》中表现尤为突出：虽然可控人口（unit）的总上限减少了整整一半（从200人下滑至100人），但是固有因素和变数大幅度增加了，这虽然直接导致双方为获得胜利而进行的操作难度下降了，但是对战略策略性部署和大局意识的敏感程度要求提升了。操作难度的下降，使得更多"手跟不上脑"的人愿意加入游戏体验中来，这样就降低了游戏门槛，增加了游戏参与者的基数。

（八）平衡机制

平衡机制是竞技的特质。如果一款电子游戏没有平衡机制的支持，竞技也就无从谈起。平衡是物质存在和发展的一种基本法则，在马克思主义原理中，平衡是符合对立统一规律、质量互变规律、否定之否定规律的唯物主义辩证法；在博弈论中，平衡就是博弈、纳什均衡理论；在《易经》中，平衡可以体现为阴阳和合。在人类社会不同的时代，人们以不同的视角来看待平衡，在认识理解上可能会存在一些差异，但是平衡机制的本质并不会产生改变。

我们在日常生活和与人交往中，可以运用平衡机制来做到和谐相处、均衡发展、合作共赢等。例如，不小心伤害了别人，就要道歉和赔偿；人类在开采大自然的资源时，要注重保护大自然实现可持续发展；合作中根据各方出资出力的比例来分配报酬；等等。平衡机制在人类探索世界和人们日常生活中无处不在，而在电子竞技游戏中，更是随处可见的。

竞技类电子游戏作为电子游戏的一种类型，相比其他类型的游戏，会更注重平衡机制，可以说，有了平衡机制，才有电子竞技游戏。电子竞技游戏为什么会不断更新？游戏中的平衡机制又是如何设计和发挥作用？下面我们继续探索竞技类电子游戏中的平衡艺术。

一款游戏的平衡机制会以多种形式出现，因为机制是由一个个元素所构成，且这些元素相互影响又相互独立。常被使用的平衡元素包括公平、选择、挑战、技巧、概率、难度等。

多数的竞技类电子游戏在广告宣传语上都标榜这是一款"公平"的游戏，公平也是许多玩家对游戏本身品质的一种诉求。在电子竞技游戏中，公平最直观的体现就是赋予所有玩家等量资源（例如初始金钱、初始可控单位、初始经验值、初始物品等）和可塑能力值（例如成长经验值、购买物品所花费金钱数额、技能造成的伤害、各种状态抗性等）。在公平元素的影响下，游戏参与者们除了把自己的技艺和策略带入，其他方面都是平等的。

公平在电子竞技游戏和传统体育项目之间还是存在些许不同，很多传统体育项目，例如短跑100米、自由泳400米、足球、篮球等，竞技双方不光在受规则制约上完全一致，而且使用的竞技平台（短跑100米的跑道、自由泳400米的泳道、足球及其场地、篮球及其场地）也是完全一致的。然而，许多的电子竞技游戏的竞技载体则不然。例如，在即时战略游戏中，对抗的双方可以根据自身所长或策略，选择相同或不同的种族来进行对抗。例如，在《红色警戒》游戏中，你可以从多个国家中任选一个，每一个国家都具有某一种特色选项；在《帝国时代》游戏中也是如此，不同文明的选择，决定了你的战术和打法；这种差异在《魔兽争霸Ⅲ》游戏中体现得更加直观，每个种族的兵种、技能、建筑几乎没有什么共同点，

第三章 电子竞技的构成要素

但对公平竞技却没有产生影响,游戏中所流传的"没有最强的种族,只有最强的玩家"也成为电子竞技游戏中价值观的一个缩影。

电子游戏的竞技内容虽然不同,但都会保持游戏内的相对公平,游戏内容差异化在使得电子竞技游戏更具个性、趣味性、探索性的同时,并没有放弃对公平的把握。例如在多人在线战术竞技游戏对抗中,每一个英雄都不一样(包括能力技能、成长属性、配合方式等),但是一个竞技队伍由五个参与者组成,那么就存在 5×5 种组合,再加上游戏中的道具和参与者使用的打法和策略,就会延伸出无限可能,这些可能性就交织成了一种全新的公平。这种通过多种可能性交织使游戏总体变得公平的情况在集换式卡牌游戏(CCG)、及时战略游戏和其他类型的电子游戏中也是普遍存在的。

在体现电子竞技游戏的公平元素时,最常被使用的还有单位循环克制原则。没有哪一个单位的英雄、兵种、物品是无敌存在的(某些物品或技能可以达到无敌效果,但都存在某些瑕疵。例如,《魔兽争霸Ⅲ》游戏中有一种名为"无敌药水"的物品,英雄在使用之后可获得无敌的效果,但是药水的售价昂贵且时效短暂,所以从游戏进行的节奏来看,并不影响游戏的公平),每个单位或物品都有长处和短处,就像石头剪刀布一样,在整体上形成了各单位或物品之间的相克循环。

平衡机制体现在竞技类游戏中的方方面面,当一款电子竞技游戏的可控因素变得数目庞大的时候,绝对的平衡就显得不那么重要了,一般来说,有准确而清晰的目标、给予游戏参与者及时的信息反馈、游戏整体做到一种相对平衡这三点基本上是现在电子竞技游戏在设计上的主流思想。即时战略类和多人在线战术竞技类游戏的风靡,就是因为它们对游戏性平衡机制的把握更加到位。

传统的游戏吸引玩家的方式有很多,比如副本的新鲜感、长时间的收集系统、奖励机制,甚至是在网络游戏中的货币充值、玩家"虐杀"普通玩家的快感等。这样的传统游戏有一个弊病,就是游戏需要不断地更新内容,等级要不断攀升,然后就是新玩家越来越难以加入。当新玩家无法加入、老玩家开始流失的时候,游戏的生命就走到了尽头。曾火遍大江南北的《热血传奇》和《魔兽世界》都改变不了这样的结局。但是,电子竞技游戏不同,竞技游戏跟围棋、象棋这类益智棋类竞技游戏一样,其魅力不在于更新内容和花费多少金钱,而在于和其他游戏参与者进行游戏内的技艺博弈。

电子竞技游戏的平衡性就像是一杆天平,让所有的游戏参与者可以处于一个公平的竞技环境里进行对抗。平衡机制的魅力可以为电子竞技游戏吸纳更多的受众，使得电子竞技运动能够持续有新鲜血液注入，从而保持活力。

四、存在观赏价值

电子游戏的观赏性主要体现在游戏比赛与观众的互动上，电子竞技赛事是提高该项目游戏知名度、提升用户游戏体验的一条重要途径，而赛事的吸引力大小则取决于游戏的观赏性。观赏性是电子竞技游戏区别于传统休闲、网络游戏的核心体验差异所在。

"面向观众"也是许多电子竞技游戏在开发过程中注重且遵循的原则，只有牢牢把握这项原则，游戏开发商才能在游戏推广上无往不利。

在传统休闲、单机或是网络游戏的领域，体验内容来自专业策划、美术、程序员的创造性工作，这些内容不断供应给玩家进行消耗。而竞技游戏的核心游戏体验则来自一定规则下对战双方在头脑与反应上的博弈，而制作人员的工作更多是在创造与调整竞技规则，比如一开始的设定地图大小与进攻防守路线，以及后期不断的英雄重做、调整各项数值以刷新对战体验等。这种游戏内容体验模式的不同，使得电子竞技游戏具备了传统体育竞技的观赏属性。大量玩家不仅仅是在玩游戏，也会深度地去看游戏，而且随着游戏生命周期的递增，他们花费在观看游戏上的时间也越来越多，这使得成熟的电竞游戏越来越像传统的体育项目。

好的观赏性会带来观众持续增长的红利，观众规模的上升又会带来更多商业变现的空间，形成供需关系的良性循环。无论是年龄偏大、女性、竞技水平不高的边缘用户，还是活跃度高的核心用户群，都存在潜在的赛事内容消费需求。电子竞技游戏的体育、游戏二重属性，决定了建筑在消费者需求之上的变现途径的多样性，总的来看可以分为通过延长游戏本身生命周期产生的间接收益，以及在赛事内容上衍生的直接变现收益。巨大的观众市场带来广阔的营收想象空间，利润的魔力又会驱使电竞从业者不断优化赛事体验，最终形成观赏性—观众群体—利润回报—更好的观赏性的良性循环。

影响电子竞技观赏性的四个因素分别是游戏本身、参赛选手（队伍）的竞技水平、解说主播的专业水准、观众观赛的氛围。电子竞技的电子游戏属性和体育竞技属性使得它的观赏性非常特殊，最大的不同在于游戏本身的设计水平（玩法规则、对抗机制、观赛模式）直接影响观赛体验。游戏设计的规则越完善、漏洞越少，越能刺激对战双方发挥竞技实力，反之则完全无法进行有意义的竞技对抗（极端例子如石头剪刀布）。而传统体育的赛事规则基本稳定不变，更多是在其他方面进行纵深优化。

如果说游戏本身是电子竞技游戏观赏性的基础，那么参赛选手（队伍）的竞技水平、解说主播的专业水准、观众观赛的氛围则决定了竞技观赏性所能达到的上限。和游戏本身设计不同，参赛选手（队伍）的竞技水平（和选手自身天赋、训练团队配合默契度相关）、解说主播（受观众喜好、经纪体系是否成熟和各种赛事磨炼程度的影响）、观众观赛的氛围（场馆设施、灯光音效等）等依赖游戏外的各环节投入。这些资本和人才的建设投入是后发性的，需要游戏本身首先证明其对用户群体的吸引力，具备观赏性的基础，后续的投入才存在规模变现的可能性。

在电子竞技运动迎来黄金年代的今天，我们要意识到电子竞技不应该仅仅依附于游戏本身，不应该仅起到流量入口或者延长产品生命周期的作用。只有当其作为一个新兴的独立市场，采取崭新的商业模式，以提供最极致的赛事体验为目标来满足初成规模的观众需求时，才会拥有更加光明的未来。

五、可持续研发

每款电子游戏的生命周期都是有限的，在玩家们适应了整个游戏的过程和所有细节后，游戏本身的吸引力就会开始下滑。但是重新创作一个全新的游戏对于游戏研发公司来说不仅仅要面临创意蓝图问题，还需要考虑巨额的研发经费。电子游戏可持续研发的重要性不言而喻。对于电子竞技游戏的可持续研发性，我们同样以暴雪公司的"魔兽争霸"系列（包含资料片）为例来分析。

《魔兽争霸：人类与野兽》（*Warcraft: Orcs & Humans*），1994年发行。虽然此作被一些人认为是当时大红大紫的《沙丘Ⅱ》（*Dune* Ⅱ）的跟风之作，但是其首开先河的即时战略联网模式为此后的即时战略游戏多人模式打下了非常好的基础，竞技游戏由此发端，"与人斗其乐无穷"在暴雪的游戏中得到了非常好的体现。大量快捷键的操作设定为以后游戏的发展提供了思路。游戏附带的随机地图生成器也是第一次在即时战略游戏中出现的东西，为玩家增添了不少新乐趣。最重要的一点，《魔兽争霸》拥有十分出色的销量，为暴雪的进一步发展积累了资金。

《魔兽争霸Ⅱ：黑潮》（*Warcraft* Ⅱ：*Tides of Darkness*）于1995年发行。

《魔兽争霸Ⅱ》及其资料片奠定了暴雪在游戏业内的地位。如果说第一代模仿的痕迹还比较明显的话，从第二代开始，暴雪就逐步形成了自己的风格。从此作开始，暴雪新的操作体系——右键点击移动，左键选择得以确立。支持8个玩家的调制解调器或者局域网的对战让更多厌烦了其他战略游戏，只能和电脑斗气的玩家投入《魔兽争霸Ⅱ》的怀抱。"战争迷雾"的概念也第一次被暴雪引入即时战略游戏当中，大大增加了游戏中战场形势的变化和战略战术的丰富性。由于玩家仅能看到己方部队附近的很小范围，一旦部队离开，这个地方很快会被迷雾阴影笼罩。这个功能的实现彻底让战斗从人海厮杀变成了斗智斗勇，如果不能在战斗中不断揣测对方的心理，猜测部队的行进方向，那么对方的偷袭、伏击等战术马上就会让你吃尽苦头。这个创举被大量的游戏借鉴，成为后来大部分战略游戏对地图操作的一个通用标准。

《魔兽争霸Ⅲ：混乱之治》（Warcraft Ⅲ：Reign of Chaos）于2002年7月发行。该款游戏中的英雄系统是暴雪公司第一次让"英雄"机制在一个即时战略游戏中起到了如此重要的作用，也让即时战略游戏进入一个崭新的时期。在制作之前就广受关注的《魔兽争霸Ⅲ》，即便流行了多年也丝毫不见热度衰退的迹象，反而随着版本的更新而一直充满勃勃生机。暴雪公司驾驭游戏的能力得到了十足的体现，最大程度上给予玩家最大的可能，充分调动玩家的主动性和创造性。在《魔兽争霸Ⅲ：冰封王座》发布的那个年代，广大玩家发现了一种定律，暴雪公司的游戏只有在发布了资料片之后才能称之为"真正完整"。在暴雪公司游戏档案的历史长河中，《魔兽争霸Ⅱ》、"星际争霸"、"暗黑破坏神"等，无一例外，《魔兽争霸Ⅲ：冰封王座》的推出也是暴雪公司对《魔兽争霸Ⅲ：混乱之治》的一次全方位的升级。随着玩家需求的提升和超高水平玩家对游戏的影响，游戏更新换代和版本微调都是一种必然。

多数电子游戏在发布后，经过所有参与者成千上万次的游戏体验，基于各种原因（例如超水平玩家的发挥表演、在对抗中偶然的某种发现、反复对某种英雄或兵种的使用等），参与者在游戏中发现越来越多的最优选择时，游戏内的另一些元素就会被边缘化，这是一种不利于游戏生命延续的信号。所以我们会发现，一些高品质的电子竞技游戏在进行某些世界级大赛之前，会对游戏版本进行一系列的更新，这些更新的内容均是由之前游戏参与者的游戏体验反馈得出的。

知识拓展

影响游戏"公平"的超水平玩家

在 2005 年世界电子竞技游戏大赛（World E-sports Games，简称 WEG）① 的《魔兽争霸Ⅲ》项目上，选手张宰怙（Jang Jae-Ho，游戏 ID：Moon）在第一赛季未尝一败夺得冠军，很多观众和玩家感慨"不对等的战斗毫无乐趣可言"。在比赛结束后，擅长暗夜精灵族的选手张宰怙更被赋予了"第五种族"的荣耀光环。（《魔兽争霸Ⅲ》游戏设定了人类、兽人、亡灵和暗夜精灵四个种族，但是由于张宰怙过于强大，使得其他任何种族的选手都无法在与他的对抗中取胜。）此次比赛落幕后，暴雪公司基于"公平"游戏的需要，对游戏进行了一些平衡性修改（游戏中大幅度削弱了暗夜精灵族）。《魔兽争霸Ⅲ》游戏中这种因为超水平玩家的游戏性修改还出现在人族选手李晓峰（SKY）蝉联世界电子竞技大赛冠军后（削弱了人族）。

电子竞技游戏中的"公平"很大程度上会受到超水平游戏参与者的影响，竞技类电子游戏在制作发布后，还是存在太多的未知需要游戏参与者去体验探索和发掘实践。例如，*DOTA 2* 游戏在 TI 6 至 TI 7 赛事之间的这段时间里，祈求者（Keal Invoker，游戏中的可选英雄，原 *DOTA* 中的召唤师，英雄名为卡尔）因其使用者"奇迹哥"阿米尔·奇迹·巴尔卡维（Miracle）的超高发挥水准，甚至被在有"奇迹哥"的比赛中第一个被禁用（BAN），放出祈求者的比赛中，不管对手如何针对，还是会成为"奇迹哥"的祈求者表演秀，这使得官方在接下来更新的多个版本中都将祈求者不断削弱。超水平游戏参与者在每一个电子竞技游戏项目中都会存在，他们在影响该游戏"公平"的同时，也推动着游戏朝着更高、更快、更强的方向发展，而这种发展的趋势也是符合竞技体育精神的一种积极的表现。被电子竞技游戏爱好者熟知的超水平游戏参与者有很多，例如，《星际争霸》项目的李永浩（Flash）、《魔兽争霸Ⅲ》项目的张宰怙（MOON）、《英雄联盟》项目的李相赫（Faker）、*DOTA 2* 项目的阿米尔·奇迹·巴尔卡维（Miracle）等。

---

① 世界电子竞技游戏大赛：继世界电子竞技大赛之后又一项由韩国电竞界重金打造的国际顶级赛事。

思考题

1. 为什么说游戏中加入合理的随机性反而可以使得游戏的竞技性得到提升？

2. 竞技比赛的胜负结果很重要，为何"友谊第一，比赛第二"的说法会备受大家推崇？

3. 由 RTS 类电子游戏的流行过渡到 MOBA 类电子游戏的风靡反映出游戏的操作难度下降反而会更受到大家青睐。你怎么看待这个问题？

4. 为什么游戏在平衡游戏性的挑战元素设置时要充分顾及挑战的难度？

5. 在 DOTA2 比赛中，你作为一名观众，更喜欢看到纯粹的中单对决，还是附带双方其他位置干扰（游走或蹲点等）的中单对决？为什么？

6. 你所熟悉的超水平游戏参与者有哪些？他们对这些游戏和电子竞技运动产生了哪些积极的影响呢？

7. 你有过沉浸状态的体验吗？思考一下沉浸状态和平和状态下的你有哪些不同。

8. 《守望先锋》作为一款高品质的电子竞技游戏，刚一发布就红极一时，但是并没有获得长时间的市场占有率，这是为什么？请从电子竞技游戏的观赏性上来分析这个问题。

9. 请通过网络或其他方式阅读关于"魔兽争霸"的背景故事，然后再进行《魔兽争霸Ⅲ：冰封王座》的游戏体验，你会有故事情景代入感吗？为什么？

10. 为什么游戏在平衡游戏性的更新上总是会陷入一个同样的循环（更新完没过多久又会出现新的最优选择甚至更多的最优选择，然后再一次进行更新）？

11. 在一些多人即时在线对战类电子竞技游戏中，我们会发现，在有些阶段的更新上，游戏制作者会故意将某些英雄调试得略强一些，这种行为使得多人即时在线类游戏也出现了一种"一代版本一代神"的说法。游戏制作者是出于何种目的要进行这样"影响游戏平衡"的更新呢？

12. 为什么许多的网络游戏续作面临"一代不如一代"的窘境，但在竞技类电子游戏中却多是一代更比一代经典？

13. 多人即时在线对战类电子竞技游戏中的一对一中单技艺比拼SOLO中，参与者更容易进入沉浸状态，这是为什么？

14. 打开《魔兽争霸Ⅲ：冰封王座》游戏，选择战役模式，通过战役游戏的体验来理解游戏文化性是如何在游戏中体现的。

15. 比较《星际争霸》和《星际争霸Ⅱ》，试分析这两款游戏在游戏性上有哪些异同。

第二节　其他要素

其他要素包括主观因素（电子游戏的竞技动机、电子游戏受众的主观预期、电子游戏研发人员对游戏的理解和视角等）和客观因素（社会发展、法律政策、硬件设施等）。其他要素在一般情况下并不直接干预和影响游戏玩家的游戏体验，但是电子游戏从研发到走向市场发行或成为一个体育竞技项目，这些要素都是需要被考虑的。

一、主观因素

电子游戏在研发的过程中会受到许多因素的影响，其中有三个影响较大的主观因素，分别是电子游戏的竞技动机、电子游戏受众的主观预期和电子游戏研发人员对游戏的理解和视角。

（一）电子游戏的竞技动机

1. 更高、更快、更强的原始需求

游戏本身并非为娱乐而生，而是一个严肃的人类自发活动，怀有生存技能培训和智力培养的目标。而竞技是人类文明进步的一种重要途径，奥林匹克运动的"更快、更高、更强"内涵充分表达了人类不断进取、永不满足的奋斗精神和不畏艰险、敢攀高峰的拼搏精神。在比赛场上，面对强手，发扬勇往直前的大无畏精神，敢于斗争，敢于胜利。对自己永不满足，不断战胜自己、超越自己，实现新的目标，达到新的境界。对自然要敢于征服，克服大自然给人类带来的各种各样的限制，挣脱自然对我们的束缚而取得更大的自由。

电子游戏本身随着社会和科技的发展而更新，电子游戏在具备竞技属性的同时也自然产生了更高地更快地更强的需求。2017年国际奥委会认可电子竞技为一项体育运动，电子竞技成为奥运大家庭中的一员指日可待。

2. 感官刺激和身心反应

从人体学和生物学的角度来说，人在进行竞技对抗时身体的感官刺激和身心反应要比一般平和状态下更加亢奋，内在的潜力也更容易被激发。人们在通过某种游戏或是某项运动进行竞技时，为了将这种感官刺激和身心反应放大化，往往会设置某些奖励。基于"感官刺激和身心反应"所产生的动力和持久性因人而异，所以在游戏的竞技过程中，有的参与者状态会越来越好，有的参与者却一直均衡发挥。

福利彩票刮刮乐和扭蛋开奖也是感官刺激和身心反应机制灵活运用的一种表现。再如暴雪公司旗下的《炉石传说：魔兽英雄传》游戏的购买卡包功能，该功能就是利用游戏用户从未知的卡牌中开出极其稀有的物品所产生的感官刺激和身心反应。这种快感对用户产生的作用是无意识的，但会产生一定的依赖性症状。

3. 竞技产生的内外能动性

电子竞技游戏的参与者在进行游戏体验后往往会发现，自己的行动或某些行为并不仅仅局限于游戏系统本身的设置，他们自己也具备了能够左右游戏进程的力量（例如许多超高水平的玩家会影响游戏内固有设定的平衡，使得在更新的版本中，原有的设定被适当平衡甚至直接消除）。

竞技游戏的内外能动性基于人的大脑，不仅仅具有接收功能和反应能力，更具备生产能力、创造能力、预见能力和反思能力。

游戏参与者通过（虚拟）竞技，渴望从游戏中获得的是对"能动性"的一种主体体验，他们需要切实感觉到自己对事件具有支配力和控制力。这会产生参与者之间的能动性碰撞和参与者能动性与游戏系统本身的碰撞。

游戏参与者在游戏竞技中所产生的内外能动性表明参与者并不是局限于本能的感官刺激和身心反应，他们还会探索和主动适应"环境"变化，并主动对其产生影响。

4. 竞技目标和竞技评价

在竞技游戏中，"竞技游戏的参与者朝着预期的目标发起冲击"再到"竞技游戏的结果及社会各方面对参与者做出一定评价"。游戏中的技艺比拼需要进行长时间的反复练习和大脑有意识的思考来作为基础。而长时间这种维系动机的动力来源于人对目标和评价的期待。

期待的增持作用是非常强大的，这也是竞技运动员和竞技参与者能十年如一日地坚持训练的原因。当然，在现代社会愈发激烈的竞争中，只有忍得"十年寒窗"，才有可能"一举成名"。

(二) 电子游戏受众的主观预期

电子游戏受众的主观预期指的是所研发游戏面向的受众的各项需求，也可以理解为游戏受众对游戏的预期值。一款游戏在研发的初期，游戏研发人员会面向游戏受众展开一系列调研论证活动，从而得知游戏受众对游戏有哪些方面的需求。合理地运用游戏受众的主观预期是指引游戏研发商研发出迎合市场的游戏的一条有效途径。一款成功的游戏必然是符合市场需求的，如果连直接的受众都无法接受，自然无法在市场中立足。

(三) 电子游戏研发人员对游戏的理解和视角

在电子游戏的制作过程中，游戏研发团队的人员结构质量很大程度上决定了游戏的最终品质。研发人员对游戏的理解和视角从游戏蓝图规划开始就决定了游戏的整体大框架。所以，游戏研发商的游戏研发团队的构成是非常重要的，一个核心研发团队需要有合理的人员结构，需要负责游戏故事背景编绘、游戏世界规则编写、人物设定等的内容设计师，也需要将文字和想象转化为图像的创意原画师，还需要游戏程序代码编写的程序员，等等。一款游戏的制作过程其实也是一种文化交流过程，只有内涵丰富且能够齐心并驰的团队，才能制作出高品质的游戏。

二、客观因素

客观因素会在无形中影响人们的思维和认知，主要体现在社会生产力的发展、法律相关政策和计算机硬件设施上。

社会生产力的发展在客观上决定了游戏产生和发展的物质基础。古代农耕社会时，人们热爱田径游戏；到了近代，汽车的发明和工业革命的推进，追逐速度的人们痴迷于F1竞速；随着科学技术的发展，计算机、互联网技术和电子游戏开始普及，电子竞技游戏的流行自然水到渠成。

每个国家、地区的法律和相关政策是约束、规范人们行为的准则，任何事物都会受到法律条文和政策的影响，游戏也不例外。如在中国，游戏的制作和发行都要通过相关部门的审核，游戏内的所有细节设定都不能违背法律。

计算机硬件设施是制约电子游戏最终成型的一个重要因素。"巧妇难为无米之炊"，如果计算机硬件设施不能实现游戏构想的目标，一切就只是镜花水月而已。

知识拓展

"巴甫洛夫的狗"①

巴甫洛夫根据实验研究得出的基本结论是：动物有一种固有的生理反射，它以一种非常精确的方式随胃里食物的种类和数量进行胃液分泌。这一结论也适用于唾液分泌，因为狗唾液分泌的情况，是与嘴里食物的种类和数量完全吻合的。例如，当嘴里有食物时会分泌一种稠的唾液以开始消化过程，而当在嘴里滴一点酸液时，就会分泌大量淡的唾液以稀释酸液。巴甫洛夫在实验过程中遇到了一种新的情况。如果把狗的食管切开，从颈部移到外部，这样，食物可以咀、可以咽，但不会到胃里去，而是从颈部流了出去。巴甫洛夫发现，狗的胃液分泌几乎仍然像食物进入胃一样多。这就使他得出结论：引起反射性分泌的刺激，不仅可以是胃里的食物（即适当的刺激（appropriate stimulus）），而且还可以是嘴里的食物（即信号刺激（signaling stimulus））。巴甫洛夫后来又发现，引起狗胃液分泌活动的，可以是狗原先吃过食物的盘子，甚至只要看到以前喂过食物的人，也会引起胃液分泌活动。这种情况完全不同于属于生理反射的那种分泌活动。巴甫洛夫由此认为，存在着两种反射：一种是生理反射（physiological reflex），这是一种内在的、任何动物的所有成员都会表现出来的反射，它们是神经系统固有组织的一部分；另一种是心理反射（psychic reflex），后来他改称为条件反射（conditioned reflex），这种反射是特定动物作为特定经验的结果而产生的。例如，所有狗在胃里有食物时都会分泌胃液，但只有那些具有某种经验的狗才会在听到铃声时产生胃液分泌活动。

这是一个著名的古典心理学研究，研究的是生物处于得利条件下的一些本能反应。在这个研究实验中，人们在给狗喂食的同时不断地制造铃铛声响，久而久之，这只狗只要听到铃铛的声响就会开始流口水。人的行为动作方面也是同样的原理，例如，人在被给予某种得利条件的情况下，积极性、持续性和抗妥协性就会得到加持；而若给予不足或是处于不利位置，行动的意愿就会大打折扣。

---

① 百度百科：《巴甫洛夫的狗》，https://baike.baidu.com/item/巴甫洛夫的狗/5845215?fr=aladdin，访问日期：2020年8月2日。

关于动机的三种理论

（一）戴维·麦克利兰的成就动机理论[①]

美国心理学家戴维·麦克利兰（David C. McClelland）在研究人类行为的动机时将人类需求分为四类，分别是：

（1）回避需求。回避失败和困难的需求。

（2）亲和需求。建立良好的人际关系的需求。

（3）成就需求。向特定的目标努力，获得成功的需求。

（4）权力需求。影响及控制其他人的需求。

这些需求动机在大型多人在线角色扮演游戏（MMORPG）中得到了较为全面的展示。这类游戏具有极强的社会性，权力需求会在玩家动机方面产生极大影响。游戏的角色等级越高、装备越好、金钱越多，就能在游戏内产生更高的社会影响力和统治力；亲和需求也是如此，角色在游戏内的声望越高、人气越旺，就能获得更多的人力资源和其他资源；成就需求更加体现在游戏内的方方面面，在初级成就到高级成就的达成过程中，无时无刻不伴随游戏内角色的成长。

（二）亚伯拉罕·马斯洛的需求层次理论[②]

美国心理学家亚伯拉罕·马斯洛（Abraham H. Maslow）将人类的需求设定为五个层次，这五个层次的需求由初级到高级，自下而上增长。

这五个层次的需求如同金字塔一般排列，由最基础的生理需求到安全需求，到社交需求，再到尊重需求，最后为自我实现需求。这种理论表明，人在满足了当前层次的需求后，就会产生对高一级需求层次的渴望，而当前需求没有被满足的话，上层次的需求是没有太多意义的，例如，为吃喝发愁的乞丐，你和他谈论天文地理和自我价值实现是极其困难且没有现实意义的。

需求层次理论在电子竞技类游戏中得到了很好的融入。刚刚开始接触电子竞技游戏的玩家对游戏都有一个时期的适应过程。玩过电子竞技游

[①] 百度百科：《麦克利兰的成就动机理论》，https://baike.baidu.com/item/麦克利兰的成就动机理论/3509427，访问日期：2020年8月2日。

[②] 百度百科：《马斯洛》，https://baike.baidu.com/item/马斯洛/342885?fr=aladdin，访问日期：2020年8月2日。

的人都知道，不熟悉游戏的新玩家往往很容易在游戏内被技艺娴熟的玩家击败。所以，刚接触游戏的初期就是一个熟悉了解游戏的生存期，最大限度地保障自己不被对手轻易击杀再安全存活下来，就是生理需求和安全安稳需求的一种体现。

玩家对游戏有了一定的了解并掌握了一定的操作技巧之后，就会开始寻找自己的团队和配合自己的队友（社交需求）。

玩家的技艺达到一定水准且积累了足够经验的时候，在队伍中就有资格担任队长或是接手对技术水平要求较高（例如中单和伤害输出位置）的位置（尊重需求）。

在具备成熟条件（例如操作高水平、团队高默契、配合很稳定等）的情况下，参与一些游戏竞技排位比赛或是加入队伍参加竞技类的选拔邀请赛可以看作是一种自我实现需求。值得一说的是，部分的玩家并不具备较强的操作水平，但对游戏的理解有过人之处，从而去担任教练或是其他职务也是一种自我价值的实现。

（三）米哈里·齐克森米哈里的心流理论[①]

米哈里·齐克森米哈里（Mihaly Csikszentmihalyi）的心流理论解释了为什么电子竞技游戏虽然不像网络休闲游戏那样能够进行无时间限制的游戏资源积累，游戏内的角色也不能无限制地提升等级和发展资质，但是却仍然具有极强的可持续性。

"心流"在词典里的解释是让人能够感受到全身心专注的状态。米哈里·齐克森米哈里认为产生心流的两个条件是有进行行为的机会（难易程度）和有进行行为的能力（技能水平），在具备这两个条件的情况下使它们保持一种平衡，就能体会到"心流"。

玩家在参与电子竞技游戏当中时，如果进行行为的能力不足，且对手过于强大，就会感到不安和紧张；如果对手水平远不如自己，也会产生一种厌倦感，很难激发全力以赴的状态。

米哈里·齐克森米哈里认为心流存在的三个必要条件分别是：

(1) 存在明确的目标。

(2) 对挑战难度的认知与对自身技能理解间的平衡。

(3) 可获得某种即时性反馈。

---

① 百度百科：《心流理论》，https://baike.baidu.com/item/心流理论，访问日期：2020年8月3日。

从心流理论的条件中可以看出,电子竞技游戏的平衡机制是至关重要的,此机制不光体现在游戏参与者的游戏进行过程中,更体现在游戏本身。

我们以一款 MOBA 类电子竞技游戏为例,来分析一下心流理论在电子竞技游戏领域的应用。分析的案例为采用 3D 引擎制作的游戏 DOTA2。

打开该游戏的客户端页面,可以发现有英雄、商店、观战、训练、游廊几个板块。官方推荐新手从训练板块开始,在训练板块下有完整的新手教程。玩家根据固定的步骤去操作,可以掌握游戏最基本的操作方法。在熟悉基本的游戏世界和操作方式后会进入最终的阶段——多玩家比赛,人机的教学模式会变为大型的多人在线战斗模式,玩家需要运用之前学到的各种理论知识和操作技能去击败敌人(其他玩家),战胜各式各样的玩家就是该游戏的最终目的。

玩家在游戏内到达一定等级之后,游戏就会多出一个天梯匹配系统(RANK)的选项,在这个选项下进行的游戏,难度(你遇到的对手)会随着你的胜率提高、积分增长而不断加大。换言之,游戏中的竞技难易度和技艺水平两方面都会逐步增长。

从上述内容我们可以看到,进入游戏后,参与者一直保持在心流状态中。

思考题

一、简答题

1. 世界上有许多国家的运动员在进行奥林匹克某项运动的比赛中获得较好成绩的时候,除了比赛项目本身获得的奖牌、奖金和荣誉之外,国家和他们的赞助商还会给予运动员更多的额外奖励,这是为什么?

2. 某汽车竞速考试前,A 考生刻苦练习油离配合,反复钻研各种过弯道技巧;B 考生认为自己是老司机,不用过多练习,每天睡了吃、吃了睡。在考试的过程中,A 在各个项目中都发挥良好,而 B 考生发挥平平。考试结束后,A 对自己的考试成绩充满了期待,B 却觉得无所谓成绩多少。请分析 A、B 考生的不同情况是什么原因造成的。

二、填空题

1. 长时间维系动机的动力来源于人对目标和评价的_____。
2. 人的大脑除了_____和_____,还具备_____、_____、_____和_____能力。

3. 感官刺激和身心反应是人的一种_____反应。
4. 影响竞技游戏的动机有哪些？
5. 你如何看待竞技评价？
6. 为了更好地达到预期的竞技目标，可以做哪些准备？
7. 戴维·麦克利兰的成就动机理论是如何在电子竞技游戏中体现的？
8. 关于动机的三种理论存在哪些关联？
9. 戴维·麦克利兰的成就动机理论将人类需求分为_____、_____、_____和_____。
10. 亚伯拉罕·马斯洛将人类的需求设定为_____、_____、_____、_____和_____五个层次。
11. 米哈里·齐克森米哈里的心流理论有_____、_____和_____三个必要条件。
12. 为什么电子竞技游戏都会特别强调玩家公平对战和游戏性平衡呢？
13. 请用心流理论解释玩家在进行某种竞技游戏的过程中长期无法突破某一个段位，从而使用低段位的ID进行游戏的行为。
14. 为什么进行竞技类电子游戏也可以产生很强的持续性？

第四章 电子竞技的功能

第一节 电子竞技的社会功能

电子竞技因社会发展而生,是一种行为状态,也是一种传播文化,作为电子竞技核心所在的电子游戏和赛事更是可以产出巨大的价值,伴随社会共同发展,逐渐出现了体育竞技、文化传播、开拓市场和娱乐休闲四大功能。我们在前几章的内容中探讨过电子竞技的范围,由此得出广义和狭义的电子竞技,本章内容涉及的范围主要是狭义的电子竞技。

一、体育竞技作用

(一)全新的体育运动

奥林匹克运动会(Olympic Games)是目前世界上规模最大、涉及最广、影响最深的体育运动盛会。奥运会以"更高、更快、更强"为口号,其主要目的是鼓励人们进行各项体育运动,参赛选手们可以在这场盛会中交流各国文化、切磋体育技能、发扬竞技精神。

这项规模最大的体育运动盛会伴随人类文明已走过上千年的历史。早在公元前776年,古希腊人为纪念奥林匹亚的主神,在奥林匹亚古代平原上举行了首届古代奥运会,不料持续了1168年的奥运会因为种种原因被迫终止。

18世纪中叶爆发的工业革命加强了国与国之间在经济、政治和文化等方面的联系。在交往日益密切的趋势下,各国希望出现一种公平有效的途径来增加相互间的了解,从而促进发展,重启奥运会正是为适应这种需求。1896年,首届现代奥运会在雅典举办,时隔1500年之久,奥运火种再一次被点燃。

从1896年雅典奥运会到2020年东京奥运会(受到全球新冠肺炎疫情蔓延的影响,该赛事被延迟至2021年),随着人类体育竞技文明的发展,现代奥运会由首届的9个大项、43个小项已增至33个大项、339个小项。可以说,国际奥委会在奥运会上不断增加比赛项目的过程是人类在体育竞技领域成长的一种记录。

现代奥运会虽已具备 339 个涉及领域宽泛的比赛小项，而且在数量上还保持持续增长的态势，但值得一提的是，所有项目无一例外都是在现实世界中进行竞技。奥运会的这种现状可能会因为电子竞技的出现而被打破。电子竞技是一种全新的竞技模式，它的出现使得人类竞技领域的版图从有限的现实世界开始向无限的虚拟世界延伸。

2003 年，国家体育总局就将这种兴起的竞技方式列为第 99 项（后改设为第 78 项）体育运动。同时认为，电子竞技（electronic sports）是电子游戏比赛达到竞技层面的一种活动，电子竞技运动是利用电子设备作为运动器械进行的、人与人之间的智力对抗运动。通过运动，可以锻炼和提高参与者的思维能力、反应能力、心眼四肢协调能力和意志力，培养团队精神。

虽然我国官方很早便对电子竞技运动做出了的定义，但在随后的十余年间，我国甚至全世界范围内的许多观点对"电子竞技究竟是不是一项可竞技的体育运动"都表现出模糊态度，这个话题的争论也一直处于胶着状态。

最终，结果还是取决于时代。电子信息技术繁荣的今天，人们娱乐、社交甚至是竞技的方式都在悄然改变。电子竞技在全球范围发展的这十余年，有质疑、有否定，但更多的热爱与坚持让"电子竞技的体育运动身份"这项争论有了重大突破：在瑞士洛桑举行的国际奥委会（IOC）第六届峰会上，代表们讨论电子竞技的快速发展，最终同意将其视为一项"体育运动"，并在官网发布声明。在各国青年人群中，电子竞技表现出强劲的增长势头，可为奥林匹克运动提供平台。相比国际奥委会的"口头认可"，亚洲奥林匹克理事会的做法则更为直接。2018 年，电子竞技作为表演项目直接登上了雅加达亚运会的舞台，而正式项目的身份则留给了 2022 年的杭州亚运会。

今天，电子竞技作为一项新的体育运动，其独特的魅力已经得到了多国政府和社会的认可，也受到了许多竞技爱好者的青睐，更为人们在体育竞技上提供了新选择。社会大众对电子竞技的认知和态度在不断发生变化，各个国家关于电子竞技的政策也在不断更新调整，但这些都没有改变电子竞技可作为体育竞技项目的属性特征。而且，随着电子竞技相关规则的完善，我们相信在未来，电子竞技的体育竞技作用会为人类的竞技领域带来更多的精彩。

（二）虚拟的竞技方式

如前所述，电子竞技是一种以"虚拟"的方式进行的人与人之间的对抗竞技。正是由于竞技方式的虚拟化，人们在接受它的时候需要一个较长的过程。

这种虚拟的竞技方式可以使竞技内容无限延伸，我们根据其载体（电子游戏）的创作路径，将其划分为虚拟创作类和模拟仿真类。虚拟创作类指的是竞技内容在现实世界中不可能出现，完全由电子游戏设计师创作的作品，如《英雄联盟》《守望先锋》等；而模拟仿真类指的则是现实世界中有这样的项目或内容，按照现实情况进行虚拟数据转化再制作而成的电子游戏，如"FIFA"① 和"NBA 2K"② 等。

虚拟创作类的电子游戏在主流电子竞技项目中一直占有较大比例，从早期即时战略类电子游戏到现在的多人在线即时对抗类电子游戏，基本都属于虚拟创作作品，游戏内容大多都是由人凭想象而创造，如《星际争霸》、"魔兽争霸"《英雄联盟》《王者荣耀》和 DOTA 2 等。

"FIFA"和"NBA"这类模拟传统体育研发的电子游戏的受众数量虽远不及虚拟创作类，但这些游戏的内容却更符合奥组委对于电子竞技入奥的态度，或许在不久的将来，作为奥运会的项目，更多的人将接受它们并参与其中。

二、文化传播作用

（一）艺术创作的新领域

艺术与人类生活息息相关，艺术传播让各国文化得以更好地交融，艺术没有国界，世界舞台皆为艺术家敞开；艺术更是一种特殊的社会意识形态，艺术生产是一种特殊的精神生产。③ 所以，虚拟空间自然不会阻碍艺术家们天马行空的艺术创作，甚至，电子游戏给予了艺术家更多超越现实的创作空间。

在今天，人们已经普遍认可"电子游戏"是八大艺术形态之后的第九

---

① 美国艺电公司出品的足球系列电子游戏，为 FIFA94（也被称为《FIFA 国际足球》）的初代作品，于 1993 年开始面向市场进行发售。
② 美国 2K 游戏公司出品的篮球系列电子游戏，初代作品在 1999 年发布。
③ 彭吉象：《艺术学概论》（第 4 版），北京大学出版社 2015 年版，第 7 页。

种艺术形态。其实，在艺术美学史上，已有多位美学家对游戏与艺术的关系进行过梳理与陈述，其中不乏康德、席勒、弗洛伊德、伽达默尔、胡伊青加等艺术大家，他们都发表过有影响的代表性观点和言论。可见，把电子游戏作为"第九艺术"，是有着相当深厚的理论知识积累的。

每一种艺术都有区别于其他艺术的内涵。电子游戏最基本的艺术特点是参与，艺术家为电子游戏和电竞赛事创作了大量涉及视觉、听觉、叙述等方面的艺术作品，在人们进行电子游戏过程中，这些艺术作品便被知晓与赏析。

近年来，舞台灯光、虚拟现实和全息投影等技术发展很快，电子竞技赛事也可以像电子游戏一样，为各类艺术家提供很大的创作舞台。

（二）文化交流的新途径

互联网为世界各文明间的交流学习提供了前所未有的便利。在 21 世纪到来后，竞技类的电子游戏依托于互联网技术的进步，达成了一次飞跃式发展，互联网游戏平台为这些游戏爱好者搭建起一条新的交流途径，之前难以寻找对手的问题不复存在。有了良好的游戏环境，加上游戏自有的社交功能，竞技类电子游戏开始受到世界各地游戏爱好者的青睐。不同肤色、不同语言、不同习惯的人都可以选择同一款电子游戏进行竞技和文化交流。

相比电子游戏而言，电竞赛事在文化交流上与传统体育赛事有诸多的相似点，如赛事传播途径、联盟主场方向和职业体系建设等。而且，电子竞技赛事在当今的体育赛事领域中已具备相当大的影响力，《英雄联盟》游戏项目 S8 总决赛的观战人数突破 2 亿，DOTA2 游戏项目的 TI10 奖金池以 4000 万美金作为目标，电竞赛事传播产生的影响力甚至已经开始比肩传统体育中的足球、篮球两大项目。

随着电竞赛事的发展，其衍生活动也越来越多，呈现出"文体双生"的局面。在 2019 年，万众瞩目的 S 9 与 TI 9 均将举办地传统文化元素巧妙融入了比赛开幕式。同年，《英雄联盟》游戏项目的 LPL 赛事也举办了"无畏出征"活动。此次活动通过巡演的方式，展现了中国茶艺与江南舞蹈（杭州站）、川剧脸谱（成都站）、国粹京剧（北京站），且都融合了电竞元素。从目前来看，电子竞技已经成为世界各国进行文化输出的一大桥梁，大型赛事举办方都推崇"匠心态度"，力求保证高级别赛事的质量，在传播比赛的过程中更加看重文化层次的内容。

三、开拓市场作用

（一）新游戏市场

在电子竞技概念出现之前，电子游戏市场就已经出现，且产业结构非常清晰，在几十年的发展中，一款又一款的电子游戏从发布到迭代或是消逝，一般都是从电子游戏研发到游戏市场运营推广，再到电子游戏受众和受众服务方，少有其他产业会涉及其中。电子游戏市场在早期的发展过程中虽处于一个较为封闭的循环状态，但却有着众多细分方向和游戏类型。

电子游戏的市场主要涉及手机端、客户端（游戏机、计算机、其他客户端设备）和网页端，其中手机游戏市场最大。

游戏类型广泛，常见类型包括角色扮演类、养成类、策略类、卡牌类、格斗类、竞速类、关卡类等。

电子竞技概念被提出后，竞技类电子游戏的受众和影响与日俱增，竞技类再细分的类型也越来越多，如即时战略类、多人即时在线对抗类、第一人称射击类等。不同类型的游戏在多方面会存在共同特征，如竞技类的电子游戏也会具备娱乐休闲的功能，但对于大众来说，电子游戏类型的划分则比较简洁，即竞技类与非竞技的娱乐休闲类。

竞技类电子游戏的火热让原本发展缓慢的游戏市场开始急速升温，各大小游戏公司纷纷在将要推行的游戏中增添竞技属性，或根据不同的竞技模式研发新的游戏，电子竞技游戏成为游戏市场中的一片新蓝海。

2020年，竞技类电子游戏已经占据了包括手游、端游和页游在内整个游戏市场中的大量份额。竞技类电子游戏的二次细分也再次扩展，主流的电子竞技项目类型一般包括即时战略类、多人即时在线对抗类、第一人称射击类、集换式卡牌类、体育模拟类和生存竞争类等。

（二）产业融合与扩张

如果说原本的电子游戏市场是一个闭塞循环，那么电子竞技则扮演了破局者的角色，电子游戏产业的独立形态因竞技发生了许多改变。

早期的电子游戏市场，最大的变现途径是通过售卖研发完成的电子游戏来获利。一款游戏从研发设计到受众流失，能够产生其他营利点的环节并不多，所以整个电子游戏市场并没有受到传统商业资本的青睐。电子游戏的产业链构成也非常简单，主要是电子游戏研发商、电子游戏运营商、游戏外设产品商和游戏售后的服务商。而且在这条产业链上，除去研发环节,其他的环节一般都不专精于该领域,如为电子游戏提供运营推广的公司也会在其他领域的内容上提供类似业务,生产游戏外设和周边的公司同样也会生产其他类型的外设和周边产品,售后则更是如此,基本都由第三方服务公司承包。

电子竞技(主要是电子竞技赛事)的出现使原本结构单一的产业链开始发生翻天覆地的变化:闭塞的产业循环被逐步打破,传统行业纷纷入局,电子游戏市场所衍生出的电子竞技产业链以惊人的速度开始融合与扩张。

极具观赏性的竞技类电子游戏推动了电竞赛事规格的不断升级,高级别赛事得到传播渠道的支持后,商业价值变现已成为现实。一个庞大的电子竞技产业生态链随着电子游戏的部分市场与其他产业的融合而逐步扩张成型。(如图4-1-1)

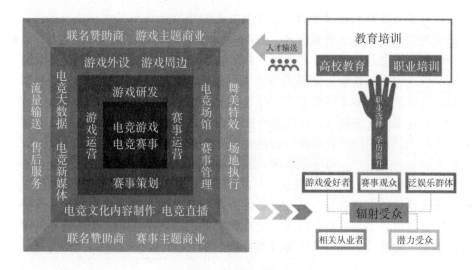

图4-1-1 电子竞技产业生态链

从图4-1-1中,我们可以清晰地看出整个电竞产业生态的层级分布和供给模式,电子竞技游戏和电子竞技赛事是这条生态链的核心,而电子竞技的受众群和电子竞技教育是推动生态链发展和运作的关键。

四、休闲娱乐作用

(一) 绿色休闲新选择

我国一直坚持走可持续发展道路,绿色环保是可持续发展理念的应有之义。绿色休闲作为一种全新的休闲观念,摈弃浪费、奢靡、沉闷与毫无创意的吃喝玩乐,倡导以环保的概念重新导演休闲生活。

电子竞技具备娱乐休闲作用,也不会产生过多实体耗损,更不会破坏、污染生态环境,适度的参与还可以起到益智健脑、身心协调、坚韧意志的作用。绿色休闲具有的健康、向上和轻松三大特征,在电子竞技中也均有体现。如今,电子竞技已经成为广受大众喜爱的绿色休闲新选择。

健康:世界卫生组织把健康定义为"身体没有缺陷和疾病,还具备完整的生理、心理状态和社会适应能力",健康也是绿色休闲中不可或缺的灵魂,仿佛水之于雨,空气之于生命。电子竞技是一种对抗运动,可以提高参与者的思维能力、反应能力、心眼四肢协调能力和意志力,甚至培养良好的团队精神。这在一定程度上提升了参与者的身心健康和社会磨合能力。但我们仍需谨记:适度游戏益脑,沉迷游戏伤身。过度沉溺其中对身体的害处不言而喻,所以,适度地用电子竞技项目进行休闲娱乐才是绿色健康休闲的正确做法。

向上:向上是绿色带给人的一种直观感受,绿色象征着万物复苏,向上生长,活力盎然。不同的休闲方式带来的是不同的身心感受。三五成众,打牌吃喝觥筹交错是一种休闲;一人独行,泡吧蹦迪也是一种休闲。然而,这些休闲方式与绿色并不相融。绿色休闲的方式会消除参与者身心的浑浊和颓废,用心旷神怡的感受让我们获得向上进取的正能量。电子竞技项目注重参与者的技艺,也注重意志,更注重团队协作精神,"拼搏向上,竞无止境"可以说是电子竞技最好的体现。

轻松:描述的是绿色休闲过程中的一种状态。一个人的阅读时光、两个人的愉悦交谈,或与成群好友的欢乐旅行,都轻松惬意。竞技类电子游戏发展至今,内容和种类都已相当丰富,除用于体育竞技外,休闲娱乐的功能并没有减弱。尤其是以回合制、关卡制、剧情发展进行的内容,在游戏节奏上一般都偏向轻松缓慢,非常适合人们享受轻松休闲的时光。

(二) 泛娱乐化促融合

泛娱乐化是产业融合的现象。产业融合是产业交叉、产业渗透和产业整合所形成的产业边界模糊或消失的产业发展现象。① 而电子竞技恰恰就是文娱和体育碰撞后所产生的火花。

从 2011 年"泛娱乐"概念被提出，文化娱乐产业的泛娱乐化、跨界融合发展已经成为一种趋势。脱胎于电子游戏产业的电子竞技，完美融合了"泛娱乐"与"大体育"两大属性。近年来，电子竞技产业已经今非昔比，各种形式的大小电竞赛事轮番登场。数量巨大但内容趋同的赛事让受众群体开始产生倦怠感，单一内容已经无法满足这类人群日益增长的娱乐需求，电子竞技需要打开泛娱乐市场，才能突破受众增长放缓的瓶颈。因此，以电子竞技作为内容的直播频道和综艺节目在数量上呈直线上升趋势，甚至许多影视和文学作品都开始选择电子竞技作为主题。可见，泛娱乐化演变和较快的产业融合速度是电子竞技在发展过程中的一种必然经历。

从《英雄联盟》游戏与娱乐圈明星联动，到腾讯公司抛出未来泛娱乐电子竞技产业园计划，再到上海公布着力打造电子竞技文化娱乐中心都市的宏伟蓝图。休闲娱乐、体育竞技、影视动漫、音乐视听、综艺演出等产业与电子竞技进行泛娱乐化的融合，已经是电子竞技在中国甚至世界发展的潮流趋势。

但是，电子竞技走向泛娱乐化也会产生新的问题，如直播平台兴起后，较低的主播入行门槛导致行业人数增长过快，竞争日趋激烈。这种现象自然会波及电子竞技领域，许多电子竞技的职业参赛选手都兼职从事主播行业，兼职收入如果高于本职收入过多，选手可能会无心进行艰苦训练，从而影响成绩；同时，主播高涨的身价也会加剧各大俱乐部之间对于选手流动的转会出价，恶性循环会对电子竞技产业产生很大的不良消耗。

所以，我们应当以客观的态度看待电子竞技泛娱乐化的演变，它在出现一些问题的时候，同样也会给我们带来许多机遇。

---

① 邢华：《文化创意产业价值链整合及其发展路径探析》，载《经济管理》2009 年第 2 期。

第四章 电子竞技的功能

> 知识拓展

DOTA 2 人设艺术解析

　　*DOTA*2 游戏的设计第一个需要的不仅仅是能力和一个伟大的创意。*DOTA*2 构建了一套美学原则：每一个英雄能够即刻被辨识出来。为了使项目最大可能地得到 *DOTA*2 社区的认可，很重要的一点是它们在艺术上必须与原设计保持一致。下面，我们来解读这些原则究竟是什么，以及如何利用规则去设计的英雄。

图 1　人物造型轮廓剪影

　　第一眼看上去，英雄的轮廓必须清晰可辨。（如上图 1）人物轮廓必须显示出角色的定位。设计人物要在脑海中摆出相应的姿势，这个姿势应该巩固、加强，能够表现角色的实力，神态和速度、武器也需要独特的设计理解，但应该作为人物设计的补充存在。

梯度值会从人物层次开始，层级的灰度范围从纯白到纯黑（与两者中的一系列黑白过渡色），其色彩及饱和度不在考虑范围内（如图2）。有观点认为，在设计与成功塑造人物造型与立体感方面，灰阶优于色彩，有助于角色三维空间感的建立。

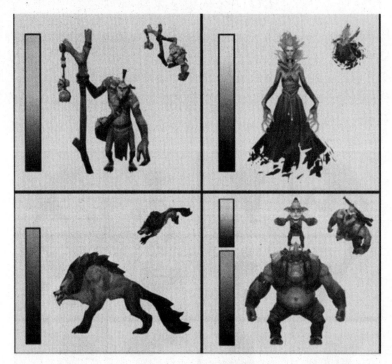

图2　人物设定的梯度值

通常情况下，灰阶分布上应该上身及头部明度最高，足部最暗，其间依次过渡，这样有助于玩家的目光集中在人物最重要的部位。

灰阶图形块面可以创建视觉兴趣。人类的眼睛会本能地寻找画面边界区域间的对比，所以我们在角色塑造上，会有意识地建立起各种灰阶明度对比，去强调、突出不同形式的重点。灰阶层级的运用上，我们一般将视觉中心点集中在人物上半身的躯干上，去有意识地拉大他的对比度，并同时保持甚至削弱下半身的对比关系。每一个黑白块面都应该具有其自身的价值，这将有助于解读、识别，使其形成一个独特的元素。

绝对的白和黑不应该出现在游戏造型中，因为这些颜色最后无法很好地表现3D渲染打光的效果。角色塑造中若没有明显的明暗转折，可适当打破规律。灰度是为了塑造形象，在上色之前，在游戏中检测你角色的明度，请务必确认你角色的特征是可识别的，且最重要的人物特征是夺人眼球的。

颜色与饱和度有时少就是多。首先为你的英雄选择一个最有代表性的主色调。其次选择第二和第三颜色，保持色彩与主色调和谐，在绘制贴图的时候引入新的颜色，可利用色相对比找到第二、第三种颜色，用固定好的明度填充进去。避免使用荧光色。饱和度（或高明度颜色）会吸引眼球，所以饱和程度应该是下肢低饱和度，向上增加身体的饱和度。远离所有高纯度饱和色，这意味着你应该尽量不使用高明度与高饱和度的色彩肌理。这会预留更多的空间给后期的游戏渲染，使角色在游戏中的光源渲染正确；选择非常小的区域作为最高的饱和度，是为了强化视觉兴趣。大面积的高饱和度会分散的观众的注意力，并对玩家的视觉造成压迫。如图3所示。

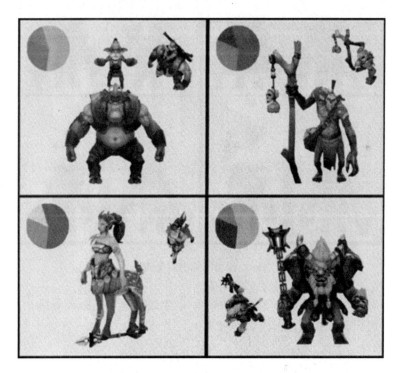

图3　颜色与饱和度块面

三色组，色环上距离相等的一组颜色（3个颜色在色环上呈准确的60度）；对比色，在色环中正对的颜色（两色在色环上相距180度）。当对比色放在一起时，会显得非常紧张并具有"颤动感"，互相争抢注意力；分裂互补色，对比色中的一个分解出的与其相邻的一对颜色（色环上与某色相距120度～150度的颜色）；相似色，色环上一个颜色所相邻的颜色（一个颜色和其在色环上相距30度内的颜色）。这些颜色会互相"推动"，当你注意它们的时候会产生一种各个部分都被放大了的错觉。

当你决定了原始颜色后，混合并调整它们的明暗，这样就得出了你需要的完整调色板。通过混合互补色创造出柔和的色彩（上下为纯饱和色，中间为灰调色），使用白色和黑色来调出相应的明度（中间为纯色，明度从上到下递减）。（如图4所示）

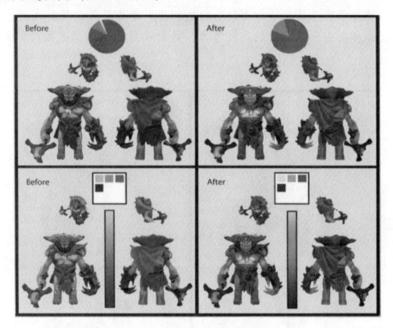

图4　恶魔巫师的明度调整

上面一排是初始调色板，下面一排是通过初始调色板混合得出的修正的调色板。从左至右分别是两组相似色、两组对比色和一组互补色。（如图5所示）

看上去复杂的区域会压迫视线并显得单调。在较大面积的区域上只添加少量细节，这样可以平衡细节区的效果，眼睛也可以得到放松。面积大而细节少的区域可以使细节区显得更具视觉冲击力。细节区在整个角色中应该只占用很小的比例，并且集中于重要的部分。

第四章　电子竞技的功能

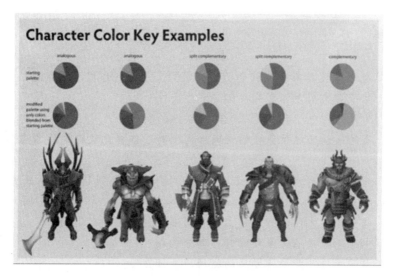

图5　角色配色的典型范例

细节的规模与游戏内角色的尺寸相对应。过小的细节反而会变成干扰。从游戏的视角来看，较少或没有细节的大块区域比高细节化区域识别起来更清晰。你可以通过保持细节部分的明度接近于底色来添加大块区域的细节。

在实际情况中评估作品：检查工作进展的一种重要方法是看一下实际状况，也就是说，把英雄放在地图的不同地方要注意昼夜的变化，确保在创作的每个阶段中都测试过形状、明度和色彩。在游戏内所展示的也是玩家最终会见到的角色和道具的样子。应经常在测试工具中检查模型。通过去掉较重的贴图阴影明度变化，调整出光线更柔和的方案。例如斗篷肩胛下的阴影，还有斗篷布面本身的明度变化；把眼睛、牙齿和串珠等细节区域的明度调亮来创造脸部的视觉焦点。

你在这里看到的物品设计，会让你注意到这些物品是如何保持一致的配色方案的，你也会看到更多细节的区域是如何分布在角色上身以吸引视觉注意力的，以及物品是如何帮助建立英雄独特的轮廓外形的。这些部分都很重要。现在你知道要做什么来建立属于DOTA 2的独特审美标准了吗？

［资料来源：罗曼蒂克译：*DOTA 2 Character Art Guide*（全中文版），https://user.qzone.qq.com/115023166/blog/1370326428，访问日期：2020年9月10日］

思考题

1. 电子竞技具备哪些社会功能？它们又是如何作用于社会的？
2. 电子游戏用于体育竞技需要哪些条件？
3. 为什么说电子竞技是绿色休闲娱乐的新途径？
4. 有的人认为电子竞技的泛娱乐化脱离了体育竞技精神的本质，你怎么看？
5. 请列举电子竞技泛娱乐化带来的影响，分别从负面和正面进行分析。
6. 电子竞技文化中心的建立会对周围发展产生什么影响？
7. 电子竞技产业链主要由哪些部分构成？
8. 电子竞技产业快速发展的驱动力是什么？
9. 如果你打算从事和电子竞技相关的工作，请谈谈你的职业生涯规划和想法。

第二节 电子竞技与教育功能

电子竞技教育的初衷与实现路径不只是教学生如何"玩电子游戏"和提升电子游戏的竞技水平，培养职业参赛选手只能看作电竞教育教学当中的一个方向，该方向大范围上更适用于电子竞技运动训练的教学体系。然而，职业参赛选手的技能构成特殊性，注定其不适用于普及化、可推广的高等教育教学。

现实中的电子竞技领域涉及宽泛，教育方向应围绕电子竞技核心构成（电子竞技游戏、电子竞技赛事和电子竞技文化产品）所衍生出来的内容来进行研究发展。为电子竞技行业培育优秀人才和推动电子竞技产业长效可持续发展是电子竞技教育的意义所在。

一、市场需求与电子竞技教育

（一）突如其来的市场需求

受各方面因素影响，电子竞技产业在我国的起步与欧美、韩、日相比较晚，电子竞技在韩国、日本、美国、法国都已经形成了规模巨大的产业

第四章 电子竞技的功能

链,并且在国家经济中都占有一定比重,尤其是韩国,电子竞技一度成为其国民经济三大支柱产业之一。但是,受各方面因素的影响,电子竞技在我国起步相对较晚。较晚的起步却迎头赶上,电子竞技产业突如其来的繁荣带来了很大的人才缺口。

2010年,我国还不存在电子竞技人才缺口。但随着电子竞技迎来黄金时代,2017年的行业数据显示,电子竞技人才缺口达到了惊人的26万。根据电子竞技在我国目前的发展速度预测,到2022年杭州亚运会开幕时,这个缺口数量保守估计会达到50万左右。[①]

1. 产业现状

电子竞技产业的核心是电子竞技游戏和电子竞技赛事,同时,围绕电竞游戏和电竞赛事衍生出了一个横跨竞技体育、休闲娱乐、文化传播、制造生产、教育培训的大型生态产业链。

图4-2-1、图4-2-2中的统计数据显示,从2015年至2019年,中国电竞生态市场得益于移动端井喷式的爆发,规模从10亿元猛增至138亿元,电竞用户突破3.5亿。随着电竞产业日渐成熟、可持续造血功能逐步完善,未来电竞市场的产值增长会趋于理性、缓和,电竞领域的人口红利也会逐步消失,整个电竞产业会更侧重于精细化的深度发展。目前电竞产业的特征主要表现为电竞赛事职业化、电竞游戏移动化、涉及领域交叉化和国际联系密切化。

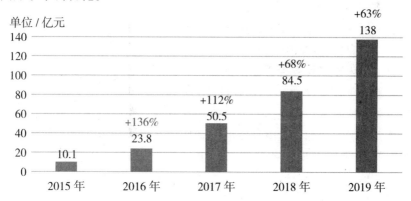

图4-2-1 2015—2019年中国电竞生态市场规模

图片来源:腾讯电竞《世界与中国:2019年全球电竞运动行业发展报告》,https://xw.qq.com/cmsid/20190621A0QQLD00?f=newdc,访问日期:2020年4月7日。

---

① 伽马数据:《2018年电子竞技产业人才报告》,www.joynews.cn/,访问日期:2020年8月27日。

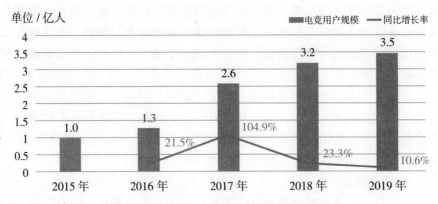

图 4-2-2 2015—2019 年中国电竞用户规模

图片来源：腾讯电竞《世界与中国：2019 年全球电竞运动行业发展报告》，https://xw.qq.com/cmsid/20190621A0QQLD00?f=newdc，访问日期：2020 年 4 月 7 日。

2. 产业驱动力

近年来，电竞产业的经济增长呈现欣欣向荣之势，许多媒体和电竞垂直厂商都认为电子竞技在我国已经逐步进入黄金年代，客观分析，这种看法主要来源于电竞产业发展驱动力的不断增强。电竞产业发展的驱动力主要来自社会认可提升、扶植政策增加、游戏厂商可持续盈利和传播渠道的多样化。

（1）社会认可

社会认可是产业走向大众化和吸引更多人才的先决条件，从被认为玩物丧志到国家荣誉，电子竞技在中国走过了漫长的认知之路。被体育总局认可为正式体育项目，教育部正式将电子竞技运动与管理专业列入《高等学校高等职业教育（专科）专业目录》，《国家职业分类大典》颁布电子竞技领域的新职业，在亚运会上的电子竞技项目夺得金牌荣誉等，这些公信力高、影响力强的重大事件使电子竞技越来越被社会认可，加上电竞产业规模的成型和逐步规范，越来越多的传统领域和人才愿意涉足电竞领域。

（2）政策扶植

电子竞技产业的发展相比许多传统产业具备绿色无污染、辐射人群广、交叉路径多等优势，可以起到激活地方经济和拓宽就业市场的功能。随着社会和人们认知的提升，政策从限制开始转向扶植。

2016 年 4 月，国家发改委发布的《关于印发促进消费带动转型升级行动方案的通知》中明确提出在做好知识产权保护和对青少年引导的前提下，以企业为主体，举办全国性或国际性电子竞技游戏游艺赛事活动。同年 10 月，李克强总理主持召开国务院常务会议时指出，要出台加快发展健身休闲产业指导意见，因地制宜发展冰雪、山地、水上、汽摩、航空等户外运动和电竞等运动。

国家体育总局在 2015 年 7 月发布了《电子竞技赛事管理暂行条例》，其中规定合法的法律主体可以自行依法组织和举办电竞赛事。随后，在 2016 年 7 月《体育产业十三五规划》中对电竞运动发展做出了重点布局。教育部在 2016 年 9 月发布的《高等学校高等职业教育（专科）专业目录》中增补添加了电子竞技运动与管理专业，电子竞技正式走入高等教育。

文化部（现中华人民共和国文化和旅游部）在 2017 年 4 月发布的《文化部"十三五"时期文化产业发展规划》（以下简称《规划》）中提出推进游戏产业结构升级，推动网络游戏、电子游戏等游戏门类协调发展，促进移动游戏、电子竞技、游戏直播、虚拟现实游戏等新业态发展。

2019 年 4 月 3 日，人力资源和社会保障部、国家市场监管总局、国家统计局正式向社会发布 13 个新职业信息，电子竞技员、电子竞技运营师被列为正式职业。

（3）可持续盈利

早期的电子竞技游戏以《星际争霸》和《魔兽争霸 III》等游戏为主，运行模式一般为局域网或第三方平台，游戏厂商的盈利主要依赖售卖游戏产品。这样一来，游戏运营商对同一款游戏的受众收费就无法持续进行，没有更多的盈利点，商家们自然不会在开销远大于收益的赛事上投入，而是更青睐于更多游戏款式的研发。

2010 年后，《英雄联盟》、*DOTA 2* 这样高品质且具备独立引擎的电子游戏开始占领市场，游戏厂商的盈利点从售卖游戏产品转变为虚拟物品，收费模式在一款游戏上变得可持续、可挖掘。运营游戏的策略也从以往的开发更多转向维护好一款精品。

因此，出于吸引更多用户的考虑，游戏厂商们开始向电竞赛事发力，为打造赛事品牌，不惜投入大量费用，电竞赛事的质量和影响今非昔比，而高质量、高水平的赛事又会吸引更多的电竞受众。从图 4-2-3 可以看到，到了 2019 年，全球电竞观众的规模已经十分庞大，而且仍在不断增长，根据现有数据，预测在 2022 年时，全球电竞的观众规模能达到 6.45 亿。海量的用户是游戏厂商能够持续盈利的重要保障。

互联网产业的发展为电竞内容的传播带来了极大的便利，政策的放

图 4-2-3　2017—2022 年全球电竞观众规模增长幅度

图片来源：腾讯电竞《世界与中国：2019 年全球电竞运动行业发展报告》，https://xw.qq.com/cmsid/20190621A0QQLD00?f=newdc，访问日期：2020 年 4 月 7 日。

开、直播平台的兴起、智能手机的普及使得电子竞技的宣传渠道变得开阔起来，传播力度呈数倍增长。多样化的传播渠道和数以亿计的受众需求，让电子竞技领域产生的用户流量变现成为现实。

3. 人才缺口

根据不完全数据统计，包括电竞游戏、电竞赛事和其他电竞生态产业链在内的从业人员在 2018 年年底已超过 5 万人，而在各大招聘网站上，电子竞技相关的高水平、高层次人才一直处于紧缺状态。腾讯公司发布的《2019 年度中国电竞人才发展报告》中更是预测，以我国电竞产业发展的速度，到 2020 年，人才需求量会超过 30 万。

从表 4-2-1 至表 4-2-7 可以看出目前电竞产业的人才需求状况。

表 4-2-1　赛事运营和发行公司的主要岗位

公司类型	团队介绍	负责项目
赛事发行运营公司	赛事团队	负责赛事体系建设及执行推动
	产品团队	负责赛事 IP 衍生产品开发
	战略发展团队	负责赛事生态战略规划
	联盟发展团队	负责联盟生态建设及扩充发展
	品牌策略团队	负责赛事市场推广及品牌建设
	商业化团队	负责赛事商业化开发

第四章 电子竞技的功能

表4-2-2 赛事活动公司的主要岗位

公司类型	团队介绍	负责项目
赛事活动公司	项目管理团队	①项目统筹/项目经理：负责赛事活动项目统筹管理规划以及推进执行
		②活动策划：负责赛事活动的流程及创意策划
		③活动执行：负责赛事活动相关模块的落地执行及推进
		④赛事组织：负责赛事活动流程建设及推进，确保活动顺利进行
		⑤战队管理：负责赛事活动战队相关事务安排及流程推进
		⑥主持：负责赛事活动现场主持
		⑦裁判：a. 主裁判：选手比赛现场规范操作监管及事务判决；b. 助理裁判：协助主裁判规范操作监管及事务判决，判决期间提供参考意见和信息确认支持
		⑧视觉包装：负责舞台及现场视觉呈现包装工作
		⑨解说：负责赛事内容解说工作
	导演直播团队	①导演：a. 导演：负责活动及赛事舞台效果、创意设计把控效果；b. 助理导演：协助项目定位，风格、表现手法、创意的制定
		②导播：负责活动及赛事直、转播内容画面切换，以确保达到最佳效果
		③游戏导播：负责游戏直播视角画面呈现，为用户带来观赛内容
		④字幕包装：转、直播字幕设计及特殊信息表达
		⑤技术：负责互动，直、转播应用技术开发与支持
		⑥编导：节目内容的策划、拍摄、粗剪，把控节目质量
		⑦视频节目制作：对于直、转播内容，周边节目，赛事宣传片等视频工作的设计及制作
		⑧创意设计：平面、动态、视频：负责电竞赛事包装设计，包括平面设计、舞美设计、直播设计、宣传片制作

· 89 ·

续表 4-2-2

公司类型	团队介绍	负责项目
赛事活动公司	导演直播团队	⑨回放：负责关键直播画面及特定片段回放
		⑩声控：负责现场及直转播声音效果的把控
	商务部	①赛事商务：负责赛事活动商业化开发
		②艺人经纪：负责签约艺人商业化开发
	潜力岗位	①赛事知识产权及其相关衍生产品开发：负责赛事知识产权及其相关衍生产品内容商业化开发
		②海外赛事业务：负责海外业务探索

表 4-2-3 电子竞技俱乐部的主要岗位

公司类型	团队介绍	负责项目
电子竞技俱乐部	赛事团队	①俱乐部经理：负责俱乐部业务统筹、战队发展规划
		②领队：负责团队管理、行程安排、内外事物对接等
		③青训管理：负责潜力选手选拔、管理与培养
		④教练团队：a. 主教练：负责战队教学、训练以及战术设定；b. 助理教练：协助教练完成游戏研究、战术规划、策略制定；c. 数据分析：研究分析日常训练及比赛数据，为教练组提供战术、策略及数据支持
		⑤电子竞技选手：负责参与电子竞技比赛
		⑥翻译：负责团队交流翻译工作（常用为英语、韩语）
		⑦心理咨询辅导：负责团队及选手心理状态辅导，帮助选手调节比赛状态
		⑧生活及健康管理：负责选手饮食及运动安排帮助选手保持健康状态
电子竞技俱乐部	运营团队	①运营经理：负责战队宣发内容运营统筹，制定运营战略及规划
		②新媒体运营：负责战队微博、微信、微视等社交平台官方账号的内容运营

第四章 电子竞技的功能

续表 4-2-3

公司类型	团队介绍	负责项目
电子竞技俱乐部	运营团队	③粉丝运营：负责粉丝管理、沟通及维护
		④视频拍摄：负责团队日常视频内容拍摄
		⑤编导及内容制作：负责团队视频宣发内容及节目的策划与制作
	市场团队	①品牌：负责俱乐部及团队整体品牌形象打造
		②公关：负责俱乐部公共关系维护与危机处理
		③媒介：负责媒体、外部、广告以及资源合作等
	商务团队	①商务运营：负责战队及选手的商业化合作洽谈及拓展
		②电商运营：负责俱乐部衍生产品的商业化运营
	潜力岗位	①医疗：负责俱乐部日常的基础医疗事务
		②全球化运营：负责俱乐部及战队海外推广及内容运营
		③俱乐部战略规划：负责俱乐部长线发展战略和推动
		④知识产权及其相关衍生产品开发：负责俱乐部知识产权及其相关衍生产品开发及衍生内容落地
		⑤主客场内容开发：开发更多的服务内容及商业化机会，包括主场活动、周边商圈规划等

表 4-2-4 电竞产业衍生出的行业与岗位

领域名称	领域介绍	负责项目
电竞衍生领域	产业研究	①数据用研：根据研究方向锁定数据用研范围，通过用研获取数据结果并展开数据分析
		②产业分析：基于数据研究内容以及产业生态，产出分析结果，进而用于产出产业报告内容及结论分析
		③战略分析：基于数据及产业报告，分析产业未来发展趋势，为产业生态建设提供专业数据及观点支持

续表 4-2-4

领域名称	领域介绍	负责项目
电竞衍生领域	产业支持服务	①技术产品：为 LPL、LDL 等职业联赛提供产品、算法设计支持、技术研发以及数据应用
		②数据专家：为英雄联盟赛事提供数据支持，负责数据采集、输出数据报告、数据可视化研究，并承担赛事顾问工作
		③生态支持：协助其他部门在流程管理、成果实现等方面实现专业化，如 openday、解说沙龙、交管培训行业调研等
	潜力岗位	①可视化研究：基于赛事内容服务展开可视化内容探索，如虚拟现实、增强现实、全息投影等在赛事中的应用
		②消费级产品设计：基于赛事内容为用户设计消费型产品，属于商业化开发领域

表 4-2-5 直播平台岗位

平台名称	团队介绍	负责项目
直播平台	赛事合作团队	①赛事运营：负责赛事版权内容推广传播
		②赛事商务：负责赛事招商业务，根据赛事走向制定招商规划
		③赛事宣推：负责平台及赛事的宣传及推广工作
		④赛事产品：负责赛事的执行与全程调控，以及赛事全期支持工作
		⑤战队合作：负责战队合作内容策划、对接以及推广
		⑥直播技术：负责赛事直播技术支持
		⑦功能开发：负责赛事创新功能及商业化功能开发
	内容团队	①节目制作：负责平台解说、赛事节目等电竞内容制作
		②赛事内容运营：负责赛事内容宣发运营
	商务部门	①赛事商务开发：负责赛事商业化开发
		②赛事合作拓展：负责赛事跨界合作及新合作内容拓展
	潜力岗位	①赛事数据分析：基于赛事内容服务展开数据分析、用户支持服务优化以及商业化开发
		②新内容商业化开发：基于赛事新内容拓展商业化开发

表4-2-6 媒体内容制作岗位

团队类型	团队介绍	负责项目
媒体内容制作团队	视频制作	①创意策划：负责专题、视频等特殊节目的内容策划
		②编导：据项目需求，负责策划游戏类节目的创意方案撰稿、剧本内容把控及脚本制作等，联合团队完成拍摄任务
		③后期包装：准确理解、分析工作主题所需视频风格，并对节目进行后期剪辑、包装
	媒体运营	①记者：负责新闻内容的采集，形式包括采访、听译、录音等，产出相关内容报道
		②摄影：负责前线内容照片、视频摄影拍摄工作
		③编辑：负责各平台文案内容编辑、输出以及内容审核
	运营部门	①内容运营：负责电竞赛事相关内容的推荐与用户兴趣内容设置
		②用户运营：负责对接产出电竞内容的用户（包括战队选手及普通用户），收集整理问题，及时反馈优化
		③活动运营：根据赛事进度进行电竞相关活动策划执行，增加用户关注度与互动
	技术部门	①前端：负责网站和移动端各个网页的前端上线和后期维护工作
		②开发：负责赛事产品需求相关功能的开发
		③产品：负责产品项目的策划和开发的监督，不断提升用户体验，合理配合其他岗位按进度完成产品开发工作
	设计部门	①插画、配图：根据赛事内容输出插画、配图类素材
		②设计师：负责网站、配图、封面、海报等视觉部分的整体设计，能够根据内容输出合适的设计内容
	市场发行部门	内容发行：根据渠道特点及属性，制定相应的发行方式，以催动流量最大化
	商务/销售	①市场：负责运营和品牌相关的合作项目，挖掘与电竞和媒体相关的合作商，并搭建良好的沟通桥梁，扩大内容的宣传力度和流量价值，为内容争取更多的合作可能性
		②商务拓展：负责内容商业化合作的开拓与推进

表4-2-7 游戏研发公司岗位

公司类型	团队介绍	负责项目
游戏研发公司	概念设计团队	负责游戏概念策划及创意
	艺术设计团队	负责游戏画面、音乐制作
	程序制作团队	负责游戏程序编码制作
	体验测试团队	负责各个阶段游戏测试
	品牌策略团队	负责游戏市场推广及品牌建设
	商业化团队	负责游戏商业化开发

综观目前电竞行业所提供的就业岗位，具备高水平电竞认知的同时又具备一项或多项应用技能的人才最受电竞行业青睐。位于产业上游的游戏研发商最大的人才缺口是游戏美工制作人员和游戏编程制作人员；而处于产业中上游的游戏运营商和赛事运营商中，赛事包装设计和技术服务类的岗位是在过去几年时间里快速扩张的两类岗位，但仍然人才紧缺。多数求职者会更偏向于选择垂直于电竞游戏研发和电竞赛事运营这两大核心业务下的岗位，但这些岗位不仅对从业者的素质要求更高，而且岗位吸纳人力资源的口径相对较窄；而产业下游的媒体、直播、制造、设计等方面的口径相对较宽，但是从业者的总体就业意愿偏低。总的来说，电子竞技产业人才需求的空间是相当充裕的，随着电子竞技产业规范化的来临，整个产业生态上的劳动力市场会有着结构性的调整。

目前，我国的就业市场仍然会出现许多毕业生未能顺利就业的情况，而市场尤其是新兴市场对人力资源的需求并未饱和。电子竞技市场上需要的是更多"懂电竞""有技能"的复合型人才，他们需要既懂得电子竞技相关知识，又擅长于某一类专项技能。行业对这种人才的急迫需求，促使电竞教育"临阵上场"。

（二）临阵上场的电竞职业培训

电子竞技教育是电子竞技运动全球化普及化和电子竞技产业开始成熟化、多元化后的一种必然产物。

电竞教育这个概念在被提出之前，电竞行业并没有培养人才的专业渠道，主要依靠从业人员内部"师徒传承"，各公司在吸纳人才时选择非常受限。产业的快速发展使得这种传统方式在效率上已经无法满足市场需求，人们开始探寻一个新路径来解决这个问题。在海量市场需求的刺激下，电子竞技的职业培训如同雨后春笋般涌现。这类职业培训一般都由电竞行业内部公司自行开设，如赛事公司会开始赛事策划类培训、运营公司会提供运营课程培训、研发公司会设置研发课程培训。培训周期不长，一般以1～3个月为主，少有半年以上的，学费十分昂贵。

由于电子竞技行业火爆，这种职业培训在起步阶段吸引了大量想入行的求职者参加，但是教育教学经验不足和实际培训内容匮乏的弊病很快凸显，许多参加培训的人开始认为培训无用，很快，电竞职业培训在受到大量负面连锁效应的冲击下，逐渐淡出人们的视线。

（三）探索与借鉴并行的电子竞技高等教育

电竞职业培训未能解决电竞市场人才需求的问题，而行业仍在发展，需求更在扩大，建立完善的培育人才体系变得更为迫切。

培养大量高质的人才需要启用相当多优质的教育资源，而且更需要足够多心智发展较为成熟的教学对象（培养对象）、有条件且能与社会产生更多有效接触的教学平台、丰富多样的教学资源、可进行深入研究的学科探索。这些均是电竞教育长效化、合理化的必要条件，而高校自然就成为一个最优选项。

终于，在2016年9月，我国教育部发布了《关于做好2017年高等职业学校拟招生专业申报工作的通知》，电子竞技专业①开始进入人们的视野，一条探索和借鉴并行的电竞高等教育之路正式启程。高校能够设立电竞专业，并不意味着电竞教育走向成熟，更多是需要探索未知与借鉴发展。

高校电竞专业在发展中的摸索与借鉴呈现四大特征：招生人数不成规模、教学资源过于贫乏、依赖相关交叉学科和理论体系相对薄弱。

1. 招生人数不成规模

电竞产业近年来膨胀式的发展使得发展电竞教育变得异常紧迫，突如其来的人才缺口，仅依靠行业内师徒传承，无法从根本上解决问题。但是高等教育需要态度谨慎和时间磨砺，早期的电竞教育试验田规模不宜过大，高等院校在电竞专业的招生规模上需要合理有效地把控。

2. 教学资源过于贫乏

目前阶段的电竞讲师更注重其电竞从业经历及赛事成绩，同时具备实

---

① 电竞专业即电子竞技运动与管理专业，专业代码为670411。

战和理论的"双师型"教师相当少。电竞作为新兴行业，许多岗位算是开创性的，在教学上教什么、如何教都成为不小的难题。例如，电竞裁判这一职业除了需要耗费大量时间在教材、课程编排等方面外，还要考虑其如何得到有效的教学产出，这对教师的素质要求就相当高了。再如赛事转播这一领域，传统体育赛事和电竞赛事虽然同是赛事，操作的人也是专业的技术人才，但可能因为不懂电竞，也就无从下手；但如果选用一个懂电竞的人，可能又对转播技巧一无所知，不知如何呈现最佳的转播效果。该问题同样会出现在电竞领域的教育教学中。深耕于电竞行业的从业人员具备丰富的行业知识，但很可能无法承担教育教学任务；而师范科班出身的人虽精通各项教师应有技能，但又可能缺乏专业的电竞素养。从科学理论发展的层面上看，解决这样的问题，需要进行体系上的跨界融合。

3. 依赖相关交叉学科

电竞产业具备庞大的产业架构。电竞教育若想在跨界融合中较快地发展，必然会经历一个依赖交叉学科的过程。电竞专业在传统专业培养体系上进行二次创新，如何有效融入电竞知识是亟须解决的问题。目前我国各大高校开设的电竞专业（方向）中，主要包含如下几种电竞＋的融合形式。

（1）电竞＋体育运动训练

这种融合形式是基于传统体育训练的方式，再加上主流电子竞技赛事项目的竞技特征进行课程设计与教学体系构建的。当电子游戏对抗上升到高水平竞技强度的时候，电子竞技运动训练学科研究就具备了存在的价值。在该领域，更多的是研究电子竞技运动训练规律以及有效组织电子竞技运动训练活动行为。该融合学科研究的主要任务在于揭示电子竞技运动训练活动的普遍规律，指导各电竞专项训练实践，使各专项训练活动建立在科学训练理论基础之上，努力提高训练的科学化水平，为职业电竞运动员、教练员、战术数据分析人员提供科学的理论指导。

（2）电竞＋游戏编程开发

当前，电子游戏编程的教学已经达到成熟阶段，在我国现有的计算机相关学科当中已经得到广泛应用，而电子竞技游戏的出现，使得电子游戏编程的教学方向更加细化。程序编写是前期所有看似镜花水月的策划和设计走向现实的最后一环，也是必要保障。

（3）电竞＋美术设计创作

现有艺术专业大类下的许多专业可与电竞融合，例如动画影视设计、数字媒体娱乐等，该方向的融合需要考虑更多的是如何提升学生画面艺术美感和培养学生对电竞游戏中人物、场景、道具、主题等方面的创作能力和想象能力。这一板块往往实现的是内容结构策划（文字综合能力与叙事创造能力）和数字成像美工（艺术绘画能力与丰富的想象力），他们可以看作赋予游戏项目灵魂与血肉的环节，如果此环节无法满足用户市场需求，那么就没有对其进行编程研发的必要。

（4）电竞+赛事运营策划

此板块的课程一般基于商学院或文化产业管理学院基础课程，赛事运营与策划、电竞俱乐部运营与管理，本质上与传统学科中的企业运营管理无太大差异。

（5）电竞+播音主持编导

主播解说在学科框架上几乎完全重合，只是目标对象是电子游戏项目，电竞内容的直播与转播技术开发与应用，与传统学科多媒体技术的开发应用尤为相似。

综合来看，高校电竞教育的内容已经逐步覆盖游戏产品开发设计、电竞内容策划运营、电竞解说主播培养和电竞运动训练与管理等方面，但在教育教学过程中，不管是与哪种学科的融合，都还需要培养学习对象（包括教师和学生）的整体综合素质和创新创造能力。

4. 理论体系相对薄弱

传统学科的建设经历了漫长时间的市场考验，在不断进化和丰富的过程中已然演变成了一个能达到"教学研产"的有效循环，而电竞专业的学科体系目前处于荒芜状态，其理论研究更多直接来源于电竞行业的各项实践，再通过相关交叉学科的借鉴来进行搭建的，还处于一种不够完善也不够稳固的状态。

电子竞技高等教育在探索与借鉴并行的过程中存在不少问题，暂时也没有形成独立体系的学科模式，而电竞行业的膨胀式发展又来得太快太急。教育是一个漫长的过程，教育需要的是慎重，而电竞产业的繁荣发掘出巨大的商业潜质，一大批投机者把目光聚焦在了还处于混沌阶段的电竞教育行业，这对电竞教育的发展造成了一定的反作用。

对于高校而言，目前缺少的是对电竞行业的深入理解和对电竞科学的体系建设。解决这些问题需要一定的时间周期，更需要社会大众以一种客观的态度去看待并给予培养新专业的人才足够的耐心和尊重。

而对于电子竞技的高等教育发展走向来说，应该立足于电竞行业岗位需求，从教育本身出发，建立一个合理的学科体系和教学标准，在教学过程中因材施教，注重发掘教学对象的优点，最终成为规范电竞行业的指南针和高等教育体系内的优秀标杆。

(四) 关于电子竞技教育未来发展趋势的探讨

从教育的一般发展规律来看，电竞教育在未来很快会呈现出规模国际化、内容多元化和职业核心化的发展趋势。

1. 规模国际化

电竞教育在我国才刚起步，但在电竞文化发展较早的欧美和韩国早已启动。近年的留学预期中，国外大学或机构的电竞相关专业和相关培训项目开始受到许多有留学深造规划学生的青睐。与此同时，越来越多的国内高校开始与国外高校共同搭建相关专业的学科体系和学历上升通道。得益于电竞赛事国际化和互联网跨国服务器平台的出现，跨国领域的电竞教育能够更快地朝着相互融合、相互促进的方向前进，电竞教育中的这种"规模国际化"是把跨国界的、跨文化的电竞教育理念和教学方法融合到本国的电竞教育教学、研究探索和服务社会等功能中的一个过程。

2. 内容多元化

从早期的单一电竞职业选手培养模式，到电竞教育成长期的多种电竞+文化组合的尝试，电竞教育一直在必要内容的输出上摸索，其原因是电子竞技处于膨胀式发展的相对不稳定状态。那么，该领域短期、中期、长期分别需要什么样的人才？什么样的培养目标最适用于产业定向培养的路径？这些都是电竞教育需要研究、考虑的重点范畴。电子竞技这种膨胀式发展的相对不稳定状态，必然会催生出很多"应急岗位"，加上电竞文化辐射的范围正在扩大，并渗透到各个年龄阶层，那么电竞教育的输出内容就必须细化，其包容性、交叉性也必须增强。这些都会促使电竞教育的输出内容朝着各主要方向进行再次细分，内容发展呈多元化的趋势。

3. 职业核心化

亚洲奥林匹克理事会和国际奥委会相继对电子竞技是一项"体育运动"发表声明，亚洲奥林匹克理事会更是将电竞运动作为 2022 年亚运会的正式比赛项目。这些体育竞技的盛大赛事对电子竞技的认同，无不与电竞项目本身的可职业化体育竞技方式有关。其必然性主要体现在以下几个方面：一是电子竞技中的传统体育竞技属性。电子竞技中的运动项目以电子竞技游戏为载体，竞技类电子游戏中的操作对抗和策略意识除去自身因素外，更多需要科学系统且合乎人体规律的训练。二是电子竞技赛事巨大商业价值的推动。项目职业化的完善很大程度上会受到相关赛事传播的影响。在今天，电竞赛事的影响力已经超越足球、篮球，成为世界范围内受众最多的赛事类型,电竞职业赛事传播已进入资本抢占阶段。优质电竞赛事的转播权带来极大的商业价值,可为赛事转播权持有者带来商业赞助权、转播权、衍生品开发权、门票销售权、衍生品销售权等一系列权益。电竞赛事商业价值的挖掘,给电竞职业化发展带来了更多的保障。三是电子竞技涉及领域的扩张。电竞职业选手是电竞领域扩张所带来的巨额红利的最直接受益者,当下,优秀的电竞职业选手可谓炙手可热、名利双收。这些领域的扩张更多地依赖电子竞技游戏的可交集性,然而,让电子竞技游戏成为竞技性强、观赏性佳的运动又有赖于职业选手。

二、电子竞技教育的意义和目标

(一)发挥教育应有的本位价值

价值,是一种主体与客体之间的特殊关系。在马克思主义哲学中,价值被定义为反映价值关系实质的哲学概念;而在现代社会中,教育除了传授与发现知识的本位价值外,还被社会赋予了较高的经济价值,用于满足人们的物质需求。

从教育的本质上来看,构建教育理论需要基于一定的人性假设,发挥人的潜能、发现人的价值和使个体能更好地融入社会都属于教育的本位价值。在电子竞技领域的教育也应该着力于"以人为本"和"适应社会需求",这些理念应当在教育过程中被推崇和贯彻。

1. 发挥人的潜能

人本主义推崇的"潜能"说认为,人的潜能就似含苞待放的花蕾,需要待其绽放,吐露芬芳。潜能对外界刺激的感应是相当敏锐的,人们在现实的生活实践之中得出,人的潜能被唤醒后,还需要不断地引导和培养,例如具备很高艺术天赋的人必须注意坚持引导和培养,否则潜能极有可能就此埋没。

人们在电竞领域的创造、创新能力和其他应用性技能,在自身萌芽后,需要在教育中不断地引导和完善并坚持下去。

2. 发现人的价值

"天生我材必有用",充分说明了人的生命的独特性和价值。电子竞技还处于萌芽状态时,许多人认为电子竞技不过就是打游戏而已,这种观念的产生,正是因为从事电竞和电竞相关产业的人被认定产出价值不高,仅停留于游戏娱乐消遣的阶段。在这个时期,多数接触电竞的人并不是自主地认为自己在进行电竞活动(包括相关工作),相关产业自由生长,也不存在高价值回报。发展到扩张期,电子竞技产业的游戏—赛事—竞技—娱乐—周边—文化的产业架构基本成形,人们可以在产业种类中找到多种类的就业方向,越来越多的传统厂商发现电竞带来的价值不容小觑,同时,更多的人开始愿意投身于电竞事业,对电子竞技的看法也不再停留于打游戏与娱乐消遣上。再看电子竞技黄金时代的产业状况,政策的放开、全球性赛事的普及、受众年龄层次的多元化,电竞产业的繁荣使得许多领域都朝着与电竞交集的方向靠拢,人们甚至会根据产业导向和需求来为自己的职业生涯定位,电子竞技教育的价值已经显现。教育引导人们发挥主观能动性去超越原有的自我定性,逐步从未知走向明朗状态,从而明确自我价值,清晰自我定位,发挥自我主体作用。

(二) 培育电子竞技领域优秀人才

社会发展已经在互联网信息时代来临后走上高速路,各行业、各领域的发展都渴望人才。能不能吸引人才,已经成为一个领域发展的关键所在。

电子竞技是信息化时代兴起的一个全新领域,也是一个发展潜力巨大的领域。在电子竞技领域人才系统培养方面,高等院校在电竞教育的专业教学方向不仅要保障专业技能知识的输入,还要塑造学生良好的道德情操,使其养成优秀的职业操守,更要注重培育学生的创造、创新能力。电子竞技在未来的发展必定会融合更多诸如人工智能和大数据这样的前沿技术,同时,培养学生创造、创新的精神与解决新问题的能力也是目前教育改革的重中之重。

除院校内的教育教学外,行业内实践也需重视,"理论结合实践"才能培育出人才。校企联合培养可以有效提高学生的实际动手能力、团队协调能力和对未来岗位的适应能力。

在此,我们相信,逐渐步入正轨的电子竞技教育能够给"中国电竞"和"中国创造"培养出更多、更优秀的人才。

(三) 引导电子竞技产业有序发展

首先,电子竞技教育的普及能够逐渐改变人们对电子竞技一些固有的负面观念。目前,对电子竞技仍然持排斥态度的人不在少数。电子竞技是不务正业、电子竞技就是打游戏的思想仍然存在。这些看法和观念不利于电子竞技的健康发展,因此,需要通过教育普及来改变人们对电子竞技的片面理解。只有消除种种偏见,电竞产业才能走上健康有序的发展道路。

其次，有效的电子竞技教育有利于规范电子竞技市场。电子竞技市场虽然庞大，但许多方面还不算成熟，特别是人才输送渠道，由于没有专业的人才培育体系，目前，整个市场的从业人员鱼龙混杂，许多从业人员只是经历几天简单的培训就匆匆上岗。而规范的电子竞技教育应当让学生进行多方位的知识学习和专精技能的磨砺，毕业前必须具备一定的理论和实践水平，达到高等教育的毕业考核标准。因此，这类学生在毕业后进入电子竞技行业就职，有利于规范电子竞技市场，引领电子竞技朝健康的方向发展。

最后，电子竞技教育的普及和完善可以大幅提升该领域的社会认可度。从业人员素质的提高、产业的健康有序发展都会让社会对该领域做出更多的正面评价。如此一来，人们会更加向往在这个领域就业，整个产业的人才输送就会更加顺畅。人才越来越多，产业自然越来越繁荣。

（四）推进交叉关联学科共同发展

设立交叉学科研究中心，促进学科融合，是目前世界各国在教育创新领域共同的着力点。近年来，我国的高等院校在促进学科交叉、融合与渗透上一直在持续发力，着力为培育学科新的生长点、促进学科繁荣、提升原始创新能力、促进科技事业发展、提升科技支撑经济社会发展水平提供坚实的学术基础。

电子竞技这个年轻的领域在高等教育学科大类中还未占有一席之地，但基于信息时代而生的背景和可无限拓展的虚拟空间，注定会与众多学科有所交集。该学科现在所探索的领域主要涉及体育学科的运动训练和竞技心理学，文化管理学科的运营管理和内容策划，艺术学科的试听艺术设计和故事文本创作，传媒学科的播音主持和解说技巧，计算机学科的人工智能技术、大数据运用和程序编写等。

诸多领域电子竞技都有所涉及，而随着电子竞技教育的发展和电子竞技产业的持续繁荣，交叉学科注定会与其走向共同发展的道路。在下一章的内容中，我们会对交叉领域中的电子竞技与教育教学方向进行更多的探讨。

知识拓展

我国三大电子竞技对战平台

在我国电子竞技运动发展初期，第三方的电子竞技平台对电子竞技运动的推广、整体电子竞技水平的提升和电子游戏竞技普及化起到了至关重要的作用。在此，以时间先后顺序介绍我国的三大电子竞技对战平台：浩方对战平台、VS竞技游戏平台和11对战平台。

（一）浩方对战平台

2002年，上海浩方在线公司发布了浩方对战平台（CGA，现更名浩方电竞平台），该平台推出后，得益于较为稳定的网络和对多种类型的电子竞技游戏的支持，迅速受到玩家们的青睐，在短短一年时间内就一跃成为国内最大的电子竞技对战平台。它不仅能够为玩家提供基于互联网的多人联机游戏服务，而且拥有强大的社区系统和完善的周边服务系统。浩方对战平台曾拥有过多达6200万注册用户，最高同时在线用户数曾突破50万，在当时，市场占有率甚至超过80%。

浩方对战平台的迅速扩张过程也暴露出了诸多问题，这些问题导致运营公司盈利下滑的同时也极大地影响了用户体验，最终造成用户不断流失、平台衰落。

2000年前后，多款高品质的电子竞技游戏受到玩家们的追捧，电子竞技游戏的受众数量进入井喷期，越来越多的玩家有共同竞技的需求，而浩方对战平台的房间容量技术支持并不能较好地适应迅速增长的玩家基数，由于人数饱和而无法进入平台游戏成为常态。

平台中，游戏外挂的横行也是导致玩家离开浩方的一个重要原因，公平的竞技环境可谓是任何竞技领域不可忽视的核心所在，越来越多的外挂使用者对追求公平竞技的玩家造成伤害，由于技术或是其他原因，平台始终无法杜绝外挂的使用，这导致了大量玩家的流失。

浩方对战平台在盈利方式上较为单一，主要依靠插播广告、购买充值VIP和虚拟道具。当时的经济环境并不能让玩家们乐于买单，人们对于虚拟物品的充值消费还不是很接受，此种盈利方式也打击了玩家们对浩方对战平台的支持。

第四章　电子竞技的功能

（二）VS 竞技游戏平台

2004 年 10 月，广州唯思软件有限公司研发团队基本上完成核心产品——VS 竞技游戏平台的开发，并同主站一并对外正式发布。"VS"是 versus 的简写，versus 是拉丁文，表示"相对照、相对立"等意思。VS 竞技游戏平台相对于浩方对战平台来说，做出了较多的技术优化，总体提升了平台游戏的体验感。

VS 竞技游戏平台是锁定 ID（平台 ID 和游戏里面 ID 一样）的，这样做可以根据积分升级，找到和自己相应等级的玩家或房间游戏，适合高手进阶，还可以更好地防止在别的平台会出现的恶意退出、恶意骂人等多种破坏游戏环境、游戏平衡的现象。

平台还设置了高水平房间，进入这些房间的权限是玩家的等级，水平相近的玩家能更方便地在一起切磋技艺。同时，为了维护更公平和谐的竞技环境，VS 竞技游戏平台官方在打击使用作弊器行为上更加主动和积极。

（三）11 对战平台

2011 年 1 月，由奕奕网络（上海奕奕数字技术有限公司）开发的 11 对战平台（现版权归上海青蔓网络科技有限公司所有）正式上线运营。其优势主要在双线互联和封杀外挂，最大的特色是创立了 *DOTA* 游戏项目的"*DOTA* 天梯"排名系统。

DOTA 游戏自 2006 年发布后，基于丰富的可玩性和技术配合性，经历多个版本更新替代传统的 RTS 项目成为当时受众最广泛的电子竞技游戏。

11 对战平台以万人房间为基础，自主开发了服务器一键自动建主、电信网通双线互联、房间二级聊天室、内嵌自带语音等诸多贴近玩家的人性化功能。再加上新颖的天梯排名系统，瞬间吸纳了大量 *DOTA* 游戏爱好者，至 2012 年 9 月，该平台 *DOTA* 最高在线突破了 80 万人。

11 对战平台可以看作电子竞技"*DOTA* 时代"的见证者，伴随着 *DOTA* 游戏的成长和没落，其天梯排位系统被后来风靡世界的各大电竞项目（*DOTA* 2、《英雄联盟》和《炉石传说》等）采用并完善。11 对战平台在各大主流电子竞技游戏自主平台推出之前，也将第三方网络平台的作用发挥到了极致，可谓是集多平台之长，避各平台之短。

神奇的"大老师"DOTA 2 plus

DOTA 2 plus 是维福集团针对 DOTA 2 这款游戏推出的一款订阅制增值服务,plus 除了为玩家提供专属地图背景、英雄皮肤和挑战任务等功能,最令人瞩目的还是其中使用数据科学技术研发的大数据预测及指导功能。其中主要包括以下几点:

英雄选择建议。当玩家在游戏中的 BP 环节时,DOTA 2 plus 会根据同段位的大数据统计的结果,结合场上已经被选择的英雄,实时地进行英雄选择的建议,来保证玩家的选择是当时场上的优选。

技能及装备建议。当玩家在游戏中遇到技能加点和购买装备的选择难题时,plus 服务也会根据统计数据实时推荐当时最符合局势发展的技能加点路线和装备购买选择。

阵亡总结和赛后分析。每次英雄阵亡后,都可以随时翻阅阵亡总结,逐秒查看所受伤害、眩晕效果和其他导致死亡的控制效果,同时还对伤害类型和来源进行归类(如图1)。这可以让玩家对下次交战有一个提示参考,并可对对手输出做出预判。

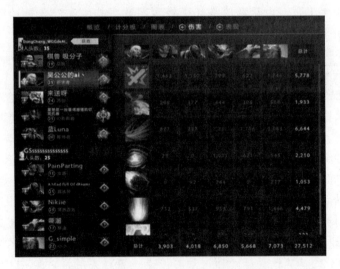

图1 DoTA 2 plus 造成伤害的总结界面

比赛过后可以将自身表现与指定水平的平均表现进行比赛全程的各项数据对比。此外,还可以查看图表,了解每个英雄对其他所有英雄造成的伤害,根据自身技能、召唤单位和物理攻击进行分类。

第四章 电子竞技的功能

DOTA 2 plus 的主界面有依据服务器大数据统计发布的全球走势图表。在此，可以清晰看出每一次游戏更新后的英雄强弱走势，可以为玩家或正式比赛提供极其有效的 BP 参考。

DOTA 2 plus 提供的观赛概率图表为观战工具带来全新的获胜概率走向功能。作为金钱和经验图表的补充，现在观众可以查看依据比赛内实时情况计算而来的获胜预期概率图表。

DOTA 2 plus 这些基于数据科学技术衍生出的强大功能，为使用者提供了诸多有价值的参考建议，使得玩家对该项目能够更快地上手并精通。数据支持让玩家能够更快速、更精准地找到版本强势所在，带来便利的同时也会大幅降低探索游戏的乐趣。DOTA 2 为保障其电子竞技游戏的挑战性和观赏性，自然而然加快了版本更新的速度。

当然，数据科学技术不是无所不能的，更多的还是为人们提供数据参考，提高选择效率。它能够精准记录、统计历史数据，但在预测上却不可能做到 100% 正确。在电子竞技赛事中，只要存在获胜的概率，哪怕微乎其微，都有可能成功。DOTA 2 plus 在许多大赛预测中都表现出彩，当某一方获胜概率超过 80% 时，就犹如宣布胜利一般。但在 TI8 决赛中，算无遗策的 plus 在预测最后一局的胜负中却失手了，让我们来看看这场比赛发生了什么。

在这场 LGD 电子竞技俱乐部（LGD-GAMING）对阵 OG 电子竞技俱乐部的赛点局中，LGD 战队在比赛的中期一度在场面上占据了绝对优势，数据预测系统给出了 92% 的获胜概率。这使得坐在电脑前的观众和解说大喜过望。

然而，随着 OG 战队不断在绝境中寻找机会，打出了多次无缝衔接的配合，最终 OG 战队完成了近乎不可能的翻盘，让全场的 LGD 战队粉丝体验了一番坐过山车的感觉。

除了对于比赛失利的感叹外，为什么预测系统给出 LGD 战队 92% 的胜率，LGD 战队还是败北了呢？

首先，大数据预测系统的优势就在于其数据统计的样本空间之"大"，然而，一款竞技游戏的玩家水平通常是呈"金字塔"形排列的，而对于 TI 决赛这种世界顶尖的赛事，大数据的大样本空间就丧失了它的优势。这种顶尖水准战队的对抗数据是极其稀少的，所以，根据大多数玩家对阵情况所统计计算出的预测概率就在这种最顶尖的比赛中失效了。

其次，大数据预测系统的本质还是针对一个大的样本空间进行的统计学计算，而在两支顶尖战队的对抗中，队伍的主观能动性和队员们的发挥才是影响比赛发展的最重要因素。在这场比赛中，OG 战队于绝境中不断寻找进攻的机会，并没有放弃对胜利的渴望，最终颠覆数据预测，获得比赛胜利，这种绝境不言弃的精神也正是电子竞技的魅力所在。

思考题

1. 请思考如此巨大的电竞行业人才缺口是如何产生的。
2. 根据你了解掌握的知识，谈谈电竞职业培训为什么没有取得预期的效果。
3. 你认为电子竞技教育应该侧重哪些方面的培养？
4. 如果你接受过电竞教育，你会存在哪些疑惑？
5. 你认为未来的电子竞技教育是什么样的？
6. 你认为电子竞技专业会走入更多的高等院校吗？为什么？
7. 电子竞技教育的价值体现在哪些方面？
8. 结合你的自身情况，谈谈如何具备电子竞技领域良好的就业能力。

第五章　电子竞技的专业发展

第一节　电子竞技与领域渗透

目前我国高等教育的学科划分是一个多级的阶梯形排列，13个学科门类[①]分别是：01哲学、02经济学、03法学、04教育学、05文学、06历史学、07理学、08工学、09农学、10医学、11军事学、12管理学和13艺术学，门类下设有110个一级学科（不含军事学，一级学科也称作学科大类），一级学科下设的二级学科则达到375个，而二级学科再次细化的专业（方向）数目更多。每一个学科门类都不能凭空产生，都会经历从无到有和领域细化的演变成长过程。

2016年，第一个冠以"电竞"之名的专业"电子竞技运动与管理"在高等职业教育体系中诞生，属于教育与体育大类的下设专业。随后不久，2018年，教育部将高职教育中的电子竞技运动与管理专业推进至本科层次，属于教育学大类的下设专业。虽然电子竞技运动与管理在目前来看是一枝独秀，但是以涉及电竞内容的交叉学科而展开的专业（方向）在高校教学中已尝试颇多。

此类高校专业（方向）的出现，象征着电子竞技的专业建设和该领域的学术科研开始被正式提上日程。同时，越来越多的高校相继开设电子竞技专业（方向）能够有效促进电子竞技领域产学研一体化的实现，为电子竞技领域的专业发展和学术理论沉淀提供重要的途径和保障。在近几年的摸索中，电子竞技向着交叉学科发展的方向逐渐清晰。交叉学科是指不同学科之间相互交融而产生的新兴学科，会涉及不同类型学科之间的相互渗透。现有大量实践表明，交叉学科的出现符合自然界客观规律，设立交叉学科已成为教育和科研发展的一种大趋势。

电子竞技这个概念就属于"电子"与"竞技"的碰撞，它的产生就是

---

① 中华人民共和国国务院学位委员会和教育部：《关于印发〈学位授予和人才培养学科目录（2011年）〉的通知》，http://www.moe.gov.cn/srcsite/A22/moe_833/201103/t20110308_116439.html，访问日期：2020年9月10日。

一种不同领域的交叉。电子竞技进入高校之后，已经进行了许多教学和科研上的探索，但至今并不能算是一门真正意义的学科。因为，创建一门新的学科至少需要具备成体系的教育教学模式、有深度的学术研究和相当的理论沉淀，再由有关部门和机构对该学科的发展和意义做出评估。而这些，电子竞技领域都还欠缺。从目前来看，走进高校的电子竞技与教育学、文学、工学和艺术学的下设学科都有着紧密联系，与这些学科渗透而展开的专业（方向）探索对促进电子竞技专业的发展甚至学科的建立都有着极其重要的作用，假以时日，或许会有出人意料的结果，我们拭目以待。

一、电子竞技与教育学

各大学科门类中，教育学与电子竞技最先结缘，教育学门类（04）下分三个一级学科，分别是教育学（0401）、心理学（0402）和体育学（0403）。

在2016年，电子竞技运动与管理（专科层次、专业代码为670411）正式以"电竞专业"为名走进高校，划分在教育与体育大类下的体育类。不久后，在2018年，电子竞技运动与管理（本科层次、专业代码为040210TK）相继登场，通过毕业考核，学生可以获得教育学学士学位。

电子竞技与教育学大有渊源，或许，在电子竞技概念被提出之时，就与该学科门类产生了不可割舍的联系。

我们先来看电子竞技的发展历程，"电子竞技运动"概念的提出，是因为有相当数量的人共同认可电子竞技是电子游戏达到竞技层面而产生的一种运动或行为，这种行为已经将休闲娱乐进行了体育竞技升华。而且，电子竞技运动员（职业选手）也是我国电子竞技行业最早入行的群体，他们的选拔模式和运动训练方式与传统体育有许多的相同点。在2003年，国家体育总局更是做出了声明：电子竞技是的我国认可的体育项目（列为第99项，后改为第78项）。所以，电子竞技专业的设立首选体育学类（0403）就不足为奇了。

接下来看教育学门类下的另一个一级学科——心理学（0402）。心理学是人文社会科学发展到一定阶段的产物，心理学在各个领域都发挥了相当重要的作用，如广为人知的犯罪心理学、经济心理学和临床心理学等。而电子竞技是人与人之间在虚拟环境下进行的竞技博弈过程。这个过程一样受制于参与者的心理状态，随着电子竞技游戏策略需求的复杂化和电子竞技赛事影响力的大幅提升，越来越多的人开始关注和研究电子竞技的心理领域，也有人提出了"电子竞技心理学"的说法。而在现实当中，电子竞技参赛选手、电子竞技教练员和电子竞技数据分析师是与这个领域息息相关的三个职业。

最后，我们来看教育学（0401），相较于体育学和心理学，教育学可能不会那么直接地引起人们对电子竞技的联想，但从实际出发，一门新兴学科（专业）的发展壮大必然离不开良好的教育理念与模式，甚至在未来的发展过程中，还需要有大量既懂教育也懂专业的人去推动。或许在不久的将来，电子竞技教育方向会像已经成熟的体育教育专业一样，有专门的专业（方向）出现。

目前，电子竞技与教育学门类下体育学类与心理学类相互渗透。体育学类已设立了电子竞技运动与管理专业，而心理学类还属于空缺状态，对这两个专业（方向）在下一节内容中会进行更深入的探讨。

二、电子竞技与文学表现形式

文学与电子竞技的交集主要是在电子游戏和电竞赛事方面，而它与电子游戏的渊源，更是由来已久。

文学的定义是以语言文字为工具，形象化地反映客观现实，表现作家心灵世界的艺术；而电子游戏被称为"第九艺术"，与其他艺术形态有一点不同，电子游戏更像是一个"领域黑洞"，通过不断吸收其他艺术形式和领域的元素进行融合再塑造。

有观点认为文学作品和电子游戏的最大区别在于交互性，并且认为文学作品和读者的联系往往是单向的，而电子游戏的内容实现则是基于游戏的交互性。这是一种较为片面和停滞的看法，文学和其他学科一样，一直处于发展阶段，在现在多数人的观点来看，文学作品也不属于单向输出，如作者在书中埋下悬疑或伏笔就可以看作是和阅读者的一种互动。早在1930年左右，波兰哲学家罗曼·英伽登（Roman Ingarden）在《文学的艺术作品》一书中也提出过"所有的文学都具有交互性"的观点。虽然电子游戏与文学之间定义的关系在今天仍没有一个确切的说法，但是，从客观实际来看，电子游戏已经成为文学表现形式的一种新载体。

早期的电子游戏就已经具备了叙事功能，甚至有的电子游戏在开发时就仅仅是为了表达开发人员想讲述的某一件事情或某一种想法。在1990年左右，角色扮演类电子游戏在游戏市场上广受欢迎，市场的火热催生了许多由经典的文学作品改编的电子游戏，同时，电子游戏使不少文学作品更广为人知。而到了今天，好的游戏世界观和叙事逻辑已成为一款优秀电子游戏作品的必备属性。

爱尔兰科克大学的詹姆斯·奥沙利文（James O'Sullivan）是数字艺术与人文科学专业的副教授，他认为，电子游戏本身就是一种融合媒体，人们既可以用文字来讲故事，也可以用计算机来构建一个世界，让玩家用鼠标和键盘来阅读。①

而日本著名的文学家村上春树（Murakami Haruki）是这么评价电子游戏与文学之间的关系的："我自己并不喜欢玩电子游戏，但我可以感觉到它和文学的相似性。当我写作的时候我会感觉自己是一个电子游戏的设计师，同时也是一个玩游戏的人。我的左手并不知道右手在干什么。这是一种超脱，给人一种分裂的感觉。②"

再看电子竞技赛事方面，策划制作高级别电竞赛事时，都倾向于融入一定的文化演绎，具备完整的开幕、闭幕，甚至是中场演出，来传达赛事的主题，从而更好地在文化传播上推动赛事发展。

2017年，DOTA 2亚洲邀请赛以"龙征四海，剑问东方"为主题展开，整个赛场在布置上采用了中国传统武术元素，服装也是如此。在比赛开始之前，代表每一个参赛队伍的表演者会身着传统武术服装进行兵器对抗表演（如图5-1-1）。除电子游戏与电竞赛事以外，电竞内容衍生的影视、小说和综艺等文化作品更是层出不穷，电竞文化和相关的电竞文学作品已进入大众生活。

---

① 参见搜狐游戏《电子游戏已经成为一种新的文学形式?》，https://www.sohu.com/a/365787453_120014289，访问日期：2020年6月18日。

② 美国《巴黎评论》编辑部编：《巴黎评论·作家访谈Ⅰ》，黄昱宁等译，人民文学出版社2012年版。

第五章　电子竞技的专业发展

图 5-1-1　DOTA 2 亚洲邀请赛现场武术主题表演

图片来源：完美世界《龙征四海，剑问东方》，https://www.dota2.com.cn/article/details/20170406/194561.html，访问日期：2018 年 3 月 30 日。

三、电子竞技与计算机技术

计算机科学与技术是工学门类下的重要学科，电子计算机的发展带来了信息技术革命，改变了人们的生活方式，也带来了电子游戏，还为电子竞技的出现提供了技术支持。

电子竞技中的"竞技"被认可为体育运动层面的行为经历了漫长时间的讨论与探索，但是，对于"电子"来说，没有太多争议，基本上都认可这是电子计算机和信息技术下的产物。

电子游戏研发处于电子竞技产业链的上游，电子游戏研发是一个漫长的过程，主要包括创意想法与策划、主题思路与设计、程序编码与测试，通过这些路径，一款游戏才会面向市场与大众。所以，研发游戏最后还是需要通过完成程序编码来实现。

除程序编码以外，与电子计算机技术有着紧密关系的网络平台、大数据、人工智能、虚拟现实等科技前沿技术目前都在电子竞技领域得到了广泛的应用。网络平台技术的出现打破了竞技对抗的地域性限制，为世界各地的人们进行技艺切磋提供了舞台；大数据的应用对促进竞技对抗数据的可视化和人工智能数据的采集都有重要意义；而人工智能技术的逐渐成熟又进一步加速了人类竞技能力的成长，让人类在竞技领域的探索有更多拓展的可能；虚拟现实技术的发明让电子竞技愈发真实起来，同时，更多类型的竞技项目在虚拟环境中得以实现。

（一）网络平台技术

单人游戏可能不会有对手的存在，甚至不需要连接网络，仅使用一台个人计算机即可进行游戏。但竞技类的电子游戏，除了入门新手，很少有人会选择和电脑机器人进行对抗，那么，让游戏参与者突破地域限制进行竞技的场地需求就出现了。

1997年，暴雪公司推出了暴雪战网（Battle.net）。由于技术不够成熟，大多数中国玩家感到正常使用战网就已经是一个难题，超长的网络延迟更让他们难以接受。但是，这种对战平台的出现，让远隔千里的玩家进行实时交流和竞技成为一种可能。

网络对战平台从创造以来至今，数量甚多，其中，用户体验不佳、核心竞争力不足的已经早早沉入历史长河，但它们一定程度上使得更多的人接触、了解电子竞技，也使得电子竞技的传播进入快车道。可以说，目前常见的电子游戏客户端也是网络对战平台的一种形式，不过是某一游戏的专属服务器。

（二）大数据

数据记录着人类的行为、自然的规律和社会的发展，数据可以看作自然和生命的一种信息化表现形态。将现实世界中的事物和现象以数据的形式存储到赛博（cyber）① 空间中，就是一个生产数据的过程。探索空间中数据的规律和现象，就是探索宇宙的规律，探索生命的规律，寻找人类行为的规律，寻找社会发展的规律的一种重要手段。大数据技术所衍生的产品已经渗透到人们生活中的各个领域。在现实生活当中，数据已不再是单纯的记录，人们在生活中的各方各面都可以归于数据，再得出结论。大数据在揭示规律的同时更关乎于发展。

进行游戏所产生的数据就像一座可供开采的矿山，源源不断地提供大量价值。人们可以通过所展示的被优化的数据，可以更直观地了解游戏规

---

① cyber，源自希腊语单词 Kubernetes，意思是舵手。常用于代表与互联网或电脑相关的事物，即采用电子工具或计算机进行的控制。

则规律和游戏发展走向。而对于职业参赛选手和教练员来说，这些数据可以成为战术编排和运动训练的部分依据。甚至有的俱乐部会设立单独的数据分析师（一般由教练员兼任）岗位，他们的职责在于通过分析所掌握的数据和机器学习来理解数据和发现模型，从而追踪竞争对手的行为模式，为己方提供更有利的竞争优势。

电子竞技领域对大数据技术最早的需求来自顶尖的职业参赛选手，他们需要有目的地提升技术，到达极限。早在《魔兽争霸Ⅲ》和 DOTA 的时代，在中国，就有一些执着于提高水平的顶尖玩家聚集于当时最大的录像下载网站 replays.net，对游戏录像进行分析和探索。更有 EHOME 战队的教练 DC，在 ESWC 的赛场上，拿出一个小本子，记录所有对手的战术选择和打法策略。在当时，这种通过数据记录和分析的训练体系，不仅震惊了外国友人，更是让 EHOME 以全胜战绩夺得 ESWC 的冠军，世界电子竞技舆论一时惊呼"EHOME 不可战胜"。使用这些手工方式对比赛的数据进行采集，再由教练员进行分析，是电子竞技领域数据分析的雏形。

技术在不断发展，符合数据科学"4V"属性的数据分析产品也不断地进入选手与普通玩家的生活之中，通过大数据统计与分析，玩家做出决策的样本空间越来越大，效率也越来越高。

目前，大数据技术除了应用于 WEB 端的数据类网站产品（如 DOTA 2 项目的 Dotamax 和《英雄联盟》项目的 OP.GG）外，主要以游戏开发商集成于游戏中的大数据增值服务为主（如 DOTA 2 的 DOTA 2 plus）。

（三）人工智能

人工智能技术（artificial intelligence）① 其开发用于模拟、延伸和扩展人的智能理论、方法、技术及应用，可以看作是人类不断追求极限的一种挑战。

人工智能从诞生以来，理论和技术日益成熟，应用领域也在不断扩大，电子竞技与人工智能的交集，主要应用在由电脑所控制的单位的竞技能力和水平上。在早期的电子游戏中，游戏开发者一般通过增加敌人数量或是提升敌方攻击力和防御力来提高游戏难度。"无聊的电脑"一直被致力于提升竞技水平的游戏爱好者所诟病，直到电子游戏中开始应用 AI 技术。该技术利用一定的计算机程序预设指令，使得玩家在进行游戏过程中

---

① 人工智能技术（artificial intelligence），简称 AI，是一项新兴的电子计算机技术。

会感受到电脑行为的变化。游戏在难度提升的同时,大大增强了趣味性和挑战性。

从某种意义上来说,电子游戏中的 AI 可能在街机游戏《吃豆人》上就有了雏形。在这款游戏中有多种不同颜色的怪物,每一种怪物都有独立的算法(如图 5-1-2)。在这样的算法支持下,游戏中的怪物在每个路口的行动模式都有不确定性。在今天,游戏中的 AI 研究正在世界范围内兴起,而《吃豆人》在当时只是做出了一次非常大胆的尝试。

图 5-1-2　电子游戏《吃豆人》

图片来源:百度图片《吃豆人》(经典电子游戏),https://image.baidu.com/search/index?tn = baiduimage&ipn = r&ct = 201326592,访问日期:2020 年 5 月。

其后,越来越多的格斗类电子游戏(fight technology game,简称 FTG),如"拳皇""街头霸王""铁拳"和"侍魂"系列等,开始围绕对抗性电脑对手进行开发。但这些游戏中,电脑对手存在的目的更多在于给玩家设置关卡让其进行挑战。它们是基于事先设置好的一系列条件判断语言脚本实现的,规律性较强,今天看来,并不能说是真正意义上的人工智能。

随着电子游戏行业在硬件设备、算法和计算能力上的发展,热门项目也开始从街机转向个人计算机端,电子游戏中的人工智能对手(bot)进化速度明显加快。从 1999 年的"反恐精英"开始,再到后来的"求生之路"系列,维尔福集团(Valve)奠定了第一人称射击类游戏的人工智能对手的基础。

早期的人工智能对手在游戏中的主要责任是填补空位,基本都是按照容易被掌握的行为模式运动,但第一人称射击类游戏中的人工智能对手正在随着游戏版本的更替发生变化。"反恐精英"系列游戏初期的人工智能对手除了探路和预警以外,能起到的作用微乎其微。

2016 年 3 月,深度思考公司(DeepMind)研发的阿尔法狗(AlphaGo)大比分击败围棋九段大师李世石(이세돌),被认为是真正让人工智能进阶的里程碑事件。围棋是复杂的竞技棋类,培养一个高水平的棋手不仅需要棋手本身具备较高天赋,还需要长达几年甚至十几年的实践对弈经验。然而,阿尔法狗仅用数天就可以完成几千局的经验积累,甚至超越时下人类的最高水准。

在阿尔法狗战胜李世石之后,深度思考公司就宣布会在不久的将来挑战更多的人类顶级棋手,还会用新的人工智能去挑战《星际争霸Ⅱ》项目。综观各类电子竞技游戏,即时战略类游戏的难度可以说是最高的。而在这类游戏中,上手难度最大的是"星际争霸"系列,从对细微操作的精准和数量要求,到战术意识的预判和布局要求来看,都是如此。

在此,我们进一步分析打好《星际争霸Ⅱ》甚至超越职业选手,对于人工智能对手来说为什么是一件极其不易的事情。

首先,对人工智能的算法和运行速度要求高。人工智能对手在游戏中进行的每一个动作和指令都是通过程序和算法实现的。在《星际争霸Ⅱ》中,地图可进行操作的空间较大,作为即时战略游戏,这会使得每一个即时步骤的数量难以预计,也就是说,每一秒都会发生无数种改变局势的可能性。用数字来概括的话,在围棋的世界里,动作空间只有 361 种,而在《星际争霸Ⅱ》当中,大约被估算为 10 的 26 次方。

其次,对人工智能处理未知信息的预判能力要求高。围棋博弈是可以一览全局的,对手的每一次落子都可尽收眼底,但是在《星际争霸Ⅱ》中由于存在"战争迷雾",最新的战时信息需要不断侦查和接触才能获取,人工智能对手是无法根据迷雾下的未知信息做出更多的即时计算并处理战局的。迷雾的存在,使得在每一局中,需要双方接触或主动侦查才能探索到对手在进行什么战术布局和操作。在离开己方单位的视野后,敌人又会消失在迷雾的阴影中。所以,在未侦查的时间段里,对手很有可能就已经通过获取的信息进行了新的战术和兵种布局,下次正面开战就会面临被克制的局面。人类这种把控局势、实时决策和预判局势的能力,人工智能对手是很难实现的。

也正是基于这些原因,早期研发的人工智能对手在《星际争霸》或是其他电子竞技项目中都无法与高水平的人类玩家抗衡。阿尔法狗战胜人类顶尖围棋大师后,深度思考公司做出的挑战预告开始让许多人充满期待。

2019年1月25日2时,这份期待成为现实。深度思考公司向世界展示了电子竞技领域的人工智能成果——阿尔法之星(AlphaStar)。和它的前辈阿尔法狗(AlphaGo)表现一样,阿尔法之星同样以大比分获得胜利:在2018年12月10日,以5:0击败达里奥·温什(Dario Wiinsch,TLO);12月19日,以5:0击败麦纳(Grzegorz Komincz,MaNa)。但在当天现场表演赛上,阿尔法之星却不敌麦纳的。最终,阿尔法之星取得了10:1的惊人成绩。

在此,我们看到了人工智能强大的学习能力和迅猛的进步速度。同时,人们开始对人工智能这样"没有感情的对手"产生敬畏。与阿尔法狗和阿尔法之星对弈过的选手们有着较为类似的感慨,李世石在输掉比赛接受采访时说:"人会有心理上的摇摆,即使知道准确的答案,在下子那一刻还是有可能会选择另一条路,考虑其他的选择。阿尔法狗不会有任何的动摇,这就是我所面对的最大困难,面对毫无感情的对手是非常难受的事情,这让我甚至有种再也不想跟它比赛的感觉。"达里奥·温什在赛后表示:"相信我,和阿尔法之星的比赛非常艰难,和人与人之间的对抗不同,有种手足无措的感觉,每一局的战术思维变化非常大,很难适应。"

除了深度思考公司创造的阿尔法两兄弟外,在电子竞技的人工智能领域获得万众瞩目的还有伊隆·马斯克(Elon Musk)旗下的人工智能程序——开放式人工智能(OpenAI)。2017年8月,*DOTA 2*游戏项目的第7届国际邀请赛期间,开放式人工智能以三战两胜的成绩在中单局(双方均使用影魔英雄在中路进行1V.1对抗)击败了人类的职业选手丹尼尔·伊舒丁(Daniil Ishutin,Dendi)。(如图5-1-3)丹尼尔·伊舒丁在赛后也表示对手(OpendAI)的表现无懈可击,没有胜算。

开放式人工智能(Open AI)看起来似乎比阿尔法之星(AlphaStar)更容易击败对手,但这是因为在中单对抗中,仅需控制一个英雄且没有更多战术和兵种需要考虑。人工智能对手需要处理的信息和进行的操作都会比即时战略类的《星际争霸Ⅱ》简单,这也让我们看到了在较为单一的对战情况下,人工智能已经发展到了何等强大的程度。

人工智能学习是人工智能技术中的关键环节,需要一个足够大的样本空间,好让算法不断更新迭代。而电子竞技游戏,不论是古老的棋类游戏的棋谱,还是如今主流游戏庞大的数据库,都天然带有一个庞大的样本空间,尤其是现在的电子竞技游戏,通过版本和玩家构成的不断发展,其打法战术也呈现快速上升的趋势。

第五章 电子竞技的专业发展

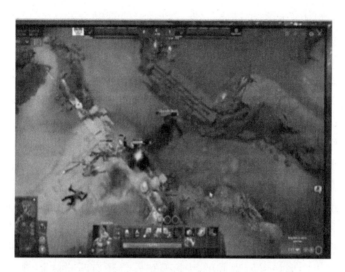

图5-1-3 丹尼尔·伊舒丁对战开放式人工智能

图片来源：Open AI：*More on Dota* 2，https://blog.openai.com/more-on-dota-2/，访问日期：2020年6月30日。

回看过往，每个游戏中自带的 AI 机器人，一般来说，"简单电脑"难度的，新手都可以应付，即使是"疯狂电脑"难度级别，只要稍稍深入钻研过的玩家都能够对抗。但随着谷歌（Google）、脸书（Facebook）、国际商业机器公司（IBM）等科技巨头在人工智能方面的开发，人工智能对手在未来很可能在各个项目中战胜人类从如今的表现来看，这或许并不会让人感到惊奇。对于人类来说，在免除伦理风险的情况下利用人工智能技术给玩家提供更好的游戏体验，给选手带来更多训练的机会和方式才是重点所在。

阿尔法狗击败李世石、柯洁等围棋大师后，人工智能并没有毁掉围棋运动，反而给人类打开了围棋世界的一扇新大门。在哪里失败，总结经验继续再战，体现出的正是不屈不挠的体育竞技精神，电子竞技也应如此。

（四）虚拟现实

网络平台技术给电子竞技提供了更为广阔的竞技场地；人工智能技术给电子竞技创造了更为强大的竞技对手；而虚拟现实技术的应用让电子竞技的表现形式更为丰富，也让在现实中无法实现的虚拟对抗开始无限接近现实。

虚拟现实技术是一种可以创建和体验虚拟世界的计算机仿真系统，它利用计算机生成一种模拟环境,是一种多源信息融合的、交互式的三维动态视景和实体行为的系统仿真,使用户沉浸到该环境中。主要具备感知性多、存在感大、交互性强和自主性高的特征。

虚拟现实除了提供一般计算机所具有的视觉感知外,还有听觉感知、触觉感知、运动感知,甚至还包括味觉、嗅觉感知等。理想的虚拟现实应该具有一切人所具有的感知功能。在交互性上,虚拟现实中模拟环境内物体的可操作程度和从环境得到反馈的自然程度是极强的。存在感是指用户感到作为主角存在于模拟环境中的真实程度,理想的模拟环境应该达到使用户难辨真假的程度。

虚拟现实技术(virtual reality,简称 VR)[①] 主要包括模拟环境、感知、自然技能和传感设备等方面。模拟环境是由计算机生成的、实时动态的三维立体逼真图像。感知是指理想的虚拟现实中应该具有一切人所具有的感知。除计算机图形技术所生成的视觉感知外,还有听觉、触觉、运动等感知,甚至还包括嗅觉和味觉等,也称为多感知。自然技能是指人的头部转动、眼动、手势或其他人体行为动作,由计算机来处理与参与者的动作相适应的数据,并对用户的输入做出实时响应,并分别反馈到用户的五官。传感设备是指三维交互设备。

随着虚拟现实技术的逐步成熟,其价值日益凸显,目前已被广泛运用于社会发展的各个领域。在电子游戏领域,运用虚拟现实技术的电子游戏种类越来越多、越来越成熟,虚拟现实技术支持下的电子竞技项目已经离我们不再遥远。

综观各类型电子竞技游戏,卡牌策略类是较早能够实现虚拟现实技术构想的一种。1996 年,日本漫画家高桥和希(Kazuki Takahashi)开始连载《游戏王》漫画。随后不久,该漫画派生出来的交换卡牌游戏(在当时是纸质卡牌)风靡世界。

《游戏王》里的战斗主要是以卡牌战术进行,漫画中的人物在竞技时,依靠设备将卡牌掷出,卡牌中的生物或道具即会成为现实一般展现并发动状态。这些漫画中所描述和展现的战斗方式和场景都类似于今天的虚拟现实技术。如图 5-1-4 所示。

在 2015 年 12 月,波士顿大学发起了一场黑客马拉松大赛,奥拉卢·伊曼纽尔(Olaolu Emmanuel)和沙汉·阿赫特(Shahan Akhter)把虚拟现

---

① 虚拟现实技术:是 20 世纪发展起来的一项全新的实用技术。虚拟现实技术囊括计算机、电子信息、仿真技术于一体,其基本实现方式是计算机模拟虚拟环境从而给人以环境沉浸感。

图 5－1－4 《游戏王》漫画中战斗场景
图片来源：高桥和希绘《游戏王》，浙江人民美术出版社 2011 年版。

实技术运用在了《游戏王》漫画中的怪兽上并重现了类似于漫画中的战斗场景。

和《游戏王》里的情节一样，这个系统工作原理是，团队将卡片背面嵌入近距离使用的近场通信（near field communication，简称 NFC）[①] 卡，将一张卡放到决斗盘里，并在决斗盘安装读卡器，放入的卡即可转换到虚拟竞技场里。

2013 年 8 月，暴雪公司开启了《炉石传说》内测。作为暴雪公司卡牌策略类游戏的精品之作，《炉石传说》以各具特色又颇具平衡的九大职业和职业卡组搭配中立卡组的丰富组合，在电子竞技赛事中成为首选的卡牌项目。（如图 5－1－5）

《炉石传说》这款游戏画面精美、卡组丰富、可玩性和竞技性强，从发布之日起，诸多玩家便对这款游戏的虚拟现实版本充满了期待。

相比回合制的卡牌类电子游戏，虚拟现实技术若要在类似于"实况足球""反恐精英"或是《英雄联盟》这样的即时类电子游戏中实现，会相对困难。

首先，即时类的电子游戏中，运动难以捕捉。从目前技术来看，想要在电子游戏中实现运动捕捉，仅依靠头戴式的虚拟现实设备是不够的，需

---

① 即近距离无线通信。

图 5-1-5 游戏爱好者制作的《炉石传说》真人版视频截图

图片来源：神奇的老皮《真人炉石 砰砰博士最终橙幻卡发布!》，https://v.youku.com/v_show/id_XNDI4MjE1Nzk5Ng==.html?spm=a2h0c.8166622，访问日期：2020 年 3 月 22 日。

要通过运动传感器捕捉全身的肢体运动。这可能需要借助包裹全身的套装设备，这种方式能够在虚拟现实的环境中完成模拟用户的身体运动，从而达到为玩家提供数字虚拟化数据的目的。

其次，是触觉反馈系统的实现。在《游戏王》漫画中，战斗所带来的伤害和效果都可以传递给进入游戏者。而目前来看，在电子竞技中实现触觉反馈可能还不太现实，仅能在现实世界中实现。

最后，电子竞技游戏的未来发展路径将更趋向于职业体育，现实世界里人类奔跑的耐力和速度在游戏中是否会起到同步作用，还值得探讨。

同样，虚拟现实技术也在各大赛事中开始确立地位。美国职业篮球联赛（National Basketball Association，简称 NBA）在不久前开始提供虚拟现实的直播观赛选择，这样可以使观众一定程度上随意更换自己的位置和视角来观看比赛。但是，虚拟现实的观赛体验在电子竞技项目上实现还需要一些改变和优化。首先，传统体育类项目常以观众为主观视角，不同位置、角度观赛体验都不一样，而电子竞技更多的是以导播、选手视角为主，在这样的状况下，虚拟现实的观赛可能会给观众带来更强的沉浸感。

基于其科技性和成本，虚拟现实的赛事在普及上比虚拟现实的电子游戏存在更多的技术难点，可以说才刚刚起步，甚至没有进入稳定发展阶段。

首先，在硬件方面，目前一整套虚拟现实设备所需要的花费远超大众消费层次。其次，在虚拟现实的内容方面，一个现象级游戏可能会带起一套设备甚至会带动部分产业，而目前的现象级游戏还没有面向大众玩家的虚拟现实版本，基于各种原因，该市场可以说一直没有真正被打开。最后，虚拟现实的适用性也是需要克服的问题，传统的电子竞技比赛直播可以一连播放数个小时甚至一整天，但是许多用户在使用虚拟现实设备时往往几十分钟就会产生视觉疲劳；再加上玩家想要看到的内容和用虚拟现实技术和设备进行直播传达的内容是有差距的，这会让观众没有太多参与感。在以前，可能游戏厅一个人玩"拳皇"就会有很多的爱好者围观，但把这种方式移植在虚拟现实中的话，其他人很难体会玩游戏的人的感受，自然无法对游戏产生兴趣，这就会让虚拟现实的传播效果大大减弱。

我们来看目前比较火热的第一人称射击类型的游戏项目——《绝地求生》，观众想要通过第一视角看懂选手思路本身就比较困难，更何况通过虚拟现实的视角，且不说理解，光是镜头晃动就够受的。考虑到以上问题，在目前阶段，虚拟现实技术观赛方面的先行者们提出了采用在地图关键点设置"悬浮摄像头"等方式供用户360°观看周围发生的状况。而在多人即时在线对抗类游戏方面也可以采取类似措施，让观众更加直观地甚至以英雄视角观看团战。这样一来，总体感觉就像《英雄联盟》游戏的某些第三方插件提供的效果一样，可以支持用户改变自己的视角和视野范围。

虚拟现实技术在电子竞技领域有着广阔的前景，在发展与普及的过程中，解决硬件成本是关键。另外，在电子竞技赛事中应用的虚拟现实硬件必须提供真实稳定的视觉效果，还需要无线缆的灵活体验。对于绝大多数的游戏玩家和赛事观看者来说，性价比是考虑硬件购买的首要因素。

四、电子竞技与艺术表现形式

艺术作为一种文化现象，主要服务于人们的精神层面，渗透在生活中。而艺术学研究艺术的性质、目的、作用任务和方法，是带有理论性、学术性和系统性的人文科学。

电子竞技所表现出来的艺术形态是多样的，其艺术表现的主要载体是电子游戏，电子游戏的虚拟本质和可无限拓展的空间维度为艺术家们提供了展现艺术的广阔平台。除电子游戏外，艺术同样存在于电子竞技赛事与电子竞技的衍生周边中。电子竞技是一个刚兴起的全新领域，而艺术却伴随着人类在历史长河中共同成长已有上万年之久。可以说，艺术无处不在。

(一) 电子竞技的艺术表现种类

人类在各个时代均会造就不同艺术形式的文化产品。绘画和文学盛行于农耕时代,摄影与影视活跃在工业时代。在如今飞速发展的信息时代,通过多媒体数字技术制作出的电子游戏和电竞赛事,是具备特定文化价值的重要艺术表现形式,它完善和丰富了艺术表现形式在视听、叙事和审美体验的领域,形成了一种新的审美体验方式。

电子竞技结合艺术能给人们带来精神上的愉悦。人们进行电子竞技游戏的对抗会沉浸其中,情绪也会随之起伏,通过全身心实力发挥战胜对手取得胜利会带来强烈的精神愉悦感。

电子竞技结合艺术能启迪人们的智慧。人们可以在电子竞技游戏中感悟战争艺术和生活哲理。游戏制作人员以战争策略为核心创作的游戏作品,对人们在战场上如何运筹帷幄和排兵布阵可以起到积极的作用。更有许多蕴含逻辑思维的关卡和交互式体验,可以让玩家们从游戏中悟出很多做人的道理。

电子竞技结合艺术可以给予人力量,催人奋进,百折不挠。艺术家们为电子竞技游戏和电子竞技赛事所创作的激昂乐曲能够激起选手和观众的澎湃热情,有助于体育竞技精神的弘扬。

电子竞技结合艺术可以给人以美的享受。比如说观看一段精美游戏动画或是欣赏一幅经典的游戏原画创作,会因其带来的视觉美感而陶醉,甚至不忍移目。

从广义上来说,电子竞技中的艺术应包括电子游戏设计、电竞赛事编排、赛事舞美、俱乐部形象等;狭义上来说,则特指电子游戏中的艺术形式表现。

电子竞技中的艺术表现种类也是多样化的,本书主要以艺术形象的审美方式来划分,分为电子竞技中的听觉艺术、视觉艺术和叙事艺术。

1. 听觉艺术

听觉艺术(或称为音乐艺术)是一种由有组织的音构成的听觉意象。音乐是声音的艺术,各类型的音乐旋律、调式和作品都是经过人的创造性艺术活动而产生的,其中包含作者的思想与情感,音乐创作也是艺术创作者思想感情的一种艺术表达形式。

在电子竞技游戏与电子竞技赛事中,音乐是不可缺席的。没有音乐的加入,电子竞技游戏和赛事就如同白开水般无味。音乐是擅长抒发情感、能拨动人心弦的一种艺术形式,它借助声音这个媒介来真实地传达、表现和感受审美情感。

音乐在传达和表现情感上优于很多艺术形式，是因为它所采用的感性材料和审美形式——声音最合于情感的本性，最适宜表达情感。或庄严肃穆，或热烈兴奋，或悲痛激愤，或缠绵细腻，或如泣如诉……音乐可以更直接、更真切、更深刻地表达人的情感。

在"魔兽争霸"系列游戏当中，根据各种族背景，暴雪公司均设定了与其文化特征相匹配的音乐旋律来渲染不同的战斗环境，其中人族的音乐气势恢宏，兽族的音乐激昂磅礴，亡灵族的音乐阴森鬼魅，而精灵族则是灵动婉转。在战斗场面中，各种族兵器、魔法的击打音效真实还原现实或是既定想象；在不同的场景中，不论是华丽的城镇中央还是贫瘠的野外荒漠，都会据地图建筑风格和战斗激烈程度加入恰到好处的音乐，为人们的游戏体验带来了更多的直观感受。

另一款暴雪游戏——《守望先锋》的音乐也同样备受好评。《守望先锋》游戏音乐主要出现在玩家等待游戏、准备游戏和结束游戏时，游戏过程中音乐较少，采用音效或环境声。游戏中的场景地图大多是根据真实地理场景设定的。例如，"漓江塔"这张地图中包含了许多中国著名景点，如"漓江"在广西，而地图夜景来源于重庆等，这一系列元素体现出了中国特色；"直布罗陀"（Gibraltar）是根据西班牙南部和非洲西部之间的"直布罗陀海峡"而设定的；而"66号公路"（Route 66）地图则代表着美国；"阿努比斯神殿"（Temple of Anubis）是根据埃及的沙漠而设定的。随着游戏地图的变化，音乐风格也会随之而变，但这些音乐作品有着共同的特点：节奏简短有力，旋律循环且能带动玩家情绪。游戏音乐作为游戏的从属，增强玩家体验游戏时的感受，可以省略丰富的变化，精炼即可，大概时长在两分钟左右；游戏音乐中开头和结尾的衔接要融洽，和声上没有明显的终止感，首尾在表现形式上大致相同，从而便于连接，音乐可以不断循环；在游戏过程中，音乐会跟随玩家的游戏状态，在声音上进行场景渲染，使玩家产生与情节相匹配的情感，如恐怖、欢快、紧张等。

电子游戏和动漫、电影作品相比较更具有交互性。游戏中的音乐除了是交互式体验的组成，更是一种人文情怀。也许人们并不会一直去玩某个游戏，但每当听到游戏中的音乐，总能回想起自己在游戏中那些精彩热血的操作、肃穆壮烈的牺牲和团队的默契配合。一款游戏或许会随着一代人的退出而落下帷幕，但只要游戏音乐响起，就会激活尘封的记忆。

同样，在大型电子竞技赛事中，音乐是触动观赛者体验感的兴奋剂，也是展现该项目精彩程度的灵魂所在。在当下的电子竞技赛事中，赛事策划者可通过现代多媒体技术，将画面、光影与音乐巧妙融合，赋予更多的效果可能。2017 年，北京鸟巢举办了《英雄联盟》游戏项目的 S7 总决赛。比赛在一曲气势磅礴的《传奇永不熄灭》（*Legends Never Die*）中揭开序幕。在精彩纷呈的比赛对抗中，直至比赛落幕，乐曲总是融合着台下观众的欢呼应景而起，让观众仿佛置身于一场盛大的音乐会。

2. 视觉艺术

视觉艺术是指运用一定的物质、材料、技术手法，创作可供人观看欣赏的艺术作品，创作方式多样。从人类文明开始到如今，通过自身创造的视觉形象来传达信息，一直是人与人之间相互交流的基本手段。它们对人类历史文化的传承和人们的精神生活都有着深远的影响。

视觉艺术作为一种传达信息的"语言"，与我们平常使用的口头语言和书面文字一样有其自身的结构与规则。如果我们想通过自己的眼睛去理解和领会视觉艺术所传达的信息与意味，就必须在一定程度上能够认识和感受视觉形象语言。

在电子游戏中，视觉艺术的表达方式和真实世界并无太大差异，但是在范围和内容上会更丰富，许多现实生活中难以实现的视觉艺术表达技巧和形态，用电子信息技术却可以实现。电子游戏经过多年发展，在软件与硬件方面均有了长足的进步。最早期的电子游戏在画面上仅是一些简单的移动数据代码，而画面制作精良已成为今日精品电子游戏的必备要求，同时，画面也是提高游戏用户体验感的一项关键指标。电子游戏中的视觉艺术展现方式较多，主要以游戏画面和与其相关的美术创作为主。游戏画面一般包含游戏地图、游戏人物造型和技能特效；美术创作一般是指原画和其他相关美术作品。

而在电子竞技赛事中，视觉艺术的表达主要以舞美效果（包括舞台灯光、舞台布景、舞台造型、舞台服装、舞台道具、舞台妆容等）和衍生周边的方式展现。

舞台灯光发展至今，承担的不仅仅是纯粹的照明，还附有更多的艺术功能，如：塑造舞台人物、画面形象；烘托情感，展现舞台幻觉；渲染舞台环境、竞技氛围；突出竞技矛盾冲突，强化竞技节奏，丰富艺术感染力；等等。可以说，舞台灯光效果是电子竞技比赛现场烘托气氛的关键所在。（如图 5-1-6）

电子竞技赛事在搭建赛场舞台时，灯光的强度、色彩，照明区的分布，灯光的运动等都具备较大的可塑性与可控性。舞台灯光的艺术效果应当是随着比赛进程和现场气氛的变化而贴合展现的，应景的舞台灯光会催

第五章 电子竞技的专业发展

图5-1-6 电竞赛事舞台灯光效果

化观众热情、提升现场气氛,从而优化观众的整体观赛体验。

舞台灯光是整场比赛空间构成的一个重要的组成部分,是根据情节的发展对舞台人物、画面以及所需的特定场景进行全方位的视觉环境灯光设计,并有目的地将设计意图以视觉形象的方式再现给观众的艺术创作。在使用时应该全面、系统地考虑人物和情节的空间造型,严谨地遵循造型规律。

同舞台灯光的发展一样,舞台布景也经历了一个从无到有、从简单到复杂的发展历程。良好的舞台布景可以为赛事项目竞技环境、观赛氛围增色不少,还能加强观众对比赛项目主题文化的认知,从而做到文化上的一定渗透和客户黏性的强化。舞台布景设计是一项综合性的复杂工作,通常会与建筑、材料、科技及美学等诸方面有所关联。设计师还需要仔细揣摩赛事进程和观众心理,在此基础上,根据整个赛事导演的创作思路,为整个赛事建构将来的表演空间,为其提供合理的调度,并用艺术手段揭示一些比赛项目的内涵和意蕴。

在早期的电子竞技赛事中,由于受众不多且比赛场地简陋,对舞台布景没有什么特殊的要求,单一形式的布景在营造观赛环境氛围上略显乏力,视觉效果不够理想,项目主题也难以得到突出。

随着电子竞技受众的快速增长和电子竞技赛事规格的不断提高,人们对于电竞赛事的观赛体验需求自然也有了提升。舞台布景设计在其中的作用也就越来越突出,开始逐步从平面化向立体化、虚拟现实化方向发展。(如图5-1-7)

电子竞技概论

图 5-1-7 TI6 总决赛现场

图片来源：uuu9《吉隆坡 Major 解说采访：电竞观赛团是趋势》，http://dota2.uuu9.com/201810/580889.shtml，访问日期：2020 年 3 月 22 日。

2016 年，在 DOTA 2 游戏项目的 TI6 总决赛舞台上，主题元素的布景已经随处可见，如游戏河道元素划分开来的水晶对站台、巨幅的战队海报、洒落的彩纸、游戏标识、彩蛋礼盒、神秘商店和玩偶模型等。在传统的布景方式不足以满足所有需求的情况下，设计师们开始运用科技来增强舞台效果表现。平面式的幕布逐步被摒弃，取而代之的是栩栩如生的立体成像和舞台道具所营造的逼真环境。

3. 叙事艺术

在电子竞技赛事中，叙事艺术主要运用于整场赛事赛程的编排。编排时要考虑如何让一场赛事进行顺畅，如何让赛事的主题得以贯穿，甚至是让观众产生观影感受。

在电子竞技游戏中，叙事艺术更偏向于如何讲好一个故事，这个故事既包含静态的世界观大背景，也包含动态的游戏交互体验。

（二）电子竞技的艺术表现特征

艺术来源于生活，却高于生活，艺术作品往往是创作者基于对生活积累的感悟，通过想象赋予其的新生命。不同的时代造就不同的艺术形式，不同领域的艺术形式表现特征也存在差异性。电子竞技中的艺术表现特征主要体现在虚拟的真实和交互式体验上。

1. 虚拟的真实

虚拟的真实这一特征主要存在于电子竞技游戏之中，随着 AR、VR 技术的成熟,在电子竞技赛事中也开始得到应用,如英雄联盟 S7 总决赛开幕式上用 AR 技术制作的巨龙(如图 5-1-8、图 5-1-9、图 5-1-10)。

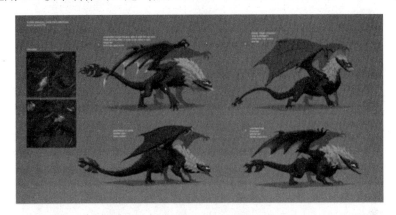

图 5-1-8 《英雄联盟》S7 总决赛开幕式上用 AR 技术制作的巨龙(1)

图片来源:腾讯体育《原来是 AR!官方揭秘 S7 总决赛巨龙制作过程》,https://xw.qq.com/sports/20171216006042/SPO2017121600604200,访问日期:2019 年 5 月 16 日。

图 5-1-9 《英雄联盟》S7 总决赛开幕式上用 AR 技术制作的巨龙(2)

图片来源:腾讯体育《原来是 AR!官方揭秘 S7 总决赛巨龙制作过程》,https://xw.qq.com/sports/20171216006042/SPO2017121600604200,访问日期:2019 年 5 月 16 日。

电子游戏作为电子竞技的载体,以软硬件设备为器械、依赖信息技营造的虚拟环境。在游戏中,会有一种在虚拟观感下前所未有的"真实性"。游戏依赖代码来实现,它可以将小说中描述的一场激烈的战争在显示器上由抽象的符号转变为无比真实的画面,并让游戏者直接参与其中。这不仅仅是以观众的姿态品阅文学或影视作品,电子游戏可以说是超过了以往任

图 5-1-10 《英雄联盟》S7 总决赛开幕式上用 AR 技术制作的巨龙（3）

图片来源：腾讯体育《原来是 AR！官方揭秘 S7 总决赛巨龙制作过程》, https://xw.qq.com/sports/20171216006042/SPO2017121600604200，访问日期：2019 年 5 月 16 日。

何一种艺术形态，表现出一种前所未有的"真实性"，或者称为"虚拟的真实"。

2. 交互式体验

电子游戏的另一特征就是交互式体验，也可以说它是一种交互情感艺术。这种交互式的体验赋予游戏参与的体验感要远超其他艺术形态，因为它使参与者不再受限于艺术欣赏者的角色，而是切身体会甚至是融入游戏中。

在传统艺术中，艺术形式的创作者与欣赏者会处于两个完全不同的角度，欣赏者多是"被动接受"。在电子游戏中，游戏参与者所做出的不同选择，可能导致人物、战场、局势出现不同的结局，这就赋予游戏参与者极大的再创造余地。这种交互式的参与感是以往任何一种艺术形式都望尘莫及的。

第五章　电子竞技的专业发展

知识拓展

阿尔法之星如何战胜人类职业玩家

见证历史，创造未来。北京时间2019年1月25日2时，深度思考公司（DeepMind）在伦敦向世界展示了他们的最新成果——阿尔法之星。

比赛共11局，直播展示的是2018年12月期间阿尔法之星挑战7L电子竞技俱乐部（Team Liquid）职业玩家达里奥·温什（TLO）和麦纳（MaNa）的部分比赛录像（如图1），分别有5局。最后一局为阿尔法之星对战麦纳的现场直播。比赛采用固定天梯比赛地图、神族对抗神族的形式。（如图2）

图1　阿尔法之星挑战《星际争霸Ⅱ》人类职业玩家直播画面

结果自然是阿尔法之星大比分碾压式胜利，在2018年12月10日以5∶0击败达里奥·温什（TLO），12月19日以5∶0击败麦纳（MaNa）。但在当天现场表演赛上，阿尔法之星却不敌麦纳。最终，阿尔法之星取得了10∶1的绝佳成绩，堪称世界上第一个击败《星际争霸Ⅱ》顶级职业玩家的人工智能。

（一）《星际争霸Ⅱ》

《星际争霸Ⅱ》是由暴雪娱乐公司开发的一款经典即时战略游戏。与

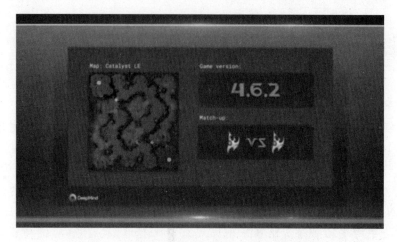

图2　比赛地图、游戏版本、对战种族信息

国际象棋和围棋不同,《星际争霸Ⅱ》具有以下几个难点:

博弈。《星际争霸Ⅱ》具有丰富的策略博弈过程,没有单一的最佳策略。因此,智能体需要不断地探索,并根据实际情况谨慎选择对局策略。

非完全信息。战争迷雾和镜头限制使玩家不能实时掌握全场局面信息和迷雾中的对手策略。

长期规划。与国际象棋和围棋等不同,《星际争霸Ⅱ》的因果关系并不是实时的,早期不起眼的失误可能会在关键时刻暴露危害。

实时决策。《星际争霸Ⅱ》的玩家须随着时间的推移不断地根据实时情况进行决策动作。

巨大的动作空间。必须实时控制不同区域下的数十个单元和建筑物,并且可以组成数百个不同的操作集合。因此,由小决策形成的可能组合动作空间巨大。

三种不同种族。不同种族的宏机制对智能体的泛化能力提出挑战。

这些困难与未知因素使《星际争霸Ⅱ》成为风靡世界的电子竞技,同时也对人工智能提出了巨大的挑战。

(二) 评估阿尔法之星战力

"星际争霸"中包含神族、人族、虫族三种选择,不同的种族有不同的作战单位、生产机制和科技机制,因而各个种族间存在战术制衡。为了减少任务训练所需时间,并避免不同种族间客观存在的不平衡性,阿尔法之星以神族对阵神族为特定训练场景,固定使用一张天梯地图为训练和对

决地图。(如图3)

面对虫族职业玩家达里奥·温和排名更加靠前的神族职业玩家麦纳的轮番挑战,阿尔法之星凭借近乎无解的追猎微观操作和凤凰技能单位的配合,在绝大多数人类玩家都认为兵种不朽者严重受到克制的情况下,在正面战场上反败为胜扭转战局,并最终兵不血刃地横扫人类职业玩家,取得了当前人工智能在电子竞技游戏中的最佳表现水平。这在实时战略游戏上具有里程碑式的意义。

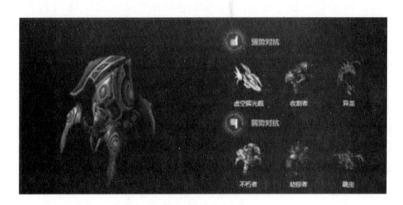

图3　追猎者相互克制的兵种关系

(三) 阿尔法之星是如何训练的

阿尔法之星的行为由一个深度神经网络产生。网络的输入来自游戏原始的接口数据,包括单位以及它们的属性,输出则是一组指令,这些指令构成了游戏的可行动作。网络的具体结构包括处理单位信息的变换器(transformer)、深度 LSTM 核(deep LSTM core)、基于指针网络(pointer network)的自动回归策略头(auto-regressive policy head)和一个集中式价值评估基准(centralised value baseline)。这些组成元件是目前最先进的人工智能方法之一。深度思考公司将这些技术组合在一起,有信心为机器学习领域中普遍存在的一些问题,包括长期序列建模,大规模输出空间如翻译、语言建模、视觉表示等,提供一种通用的结构。

阿尔法之星权重的训练同样是使用新型的多智能体学习算法。研究者首先是使用暴雪发布的人类匿名对战数据,对网络权重进行监督训练,通过模仿来学习星际天梯上人类玩家的微观、宏观策略。这种模拟人类玩家的方式让初始的智能体能够以95%的胜率打败星际内置电脑人工智能精英模式（相当于人类玩家黄金级别水平）。

在初始化之后，深度思考公司使用了一种全新的思路，进一步提升智能体的水平。星际的战斗本身是一种不完全信息的博弈问题，策略空间非常巨大，几乎不可能像围棋那样通过树搜索的方式确定一种或几种胜率最大的下棋方式。一种星际策略总是会被另一种策略克制，关键是如何找到最接近纳什均衡的智能体。为此，深度思考公司设计了一种智能体联盟（league）的概念，将初始化后每一代训练的智能体都放到这个联盟中。新一代的智能体需要和整个联盟中的其他智能体相互对抗，通过强化学习训练新智能体的网络权重。这样，智能体在训练过程中会持续不断地探索空间中各种可能的作战策略，同时也不会将过去已经学到的策略遗忘掉。

最终从联盟中水平靠前的几个智能体中选取一个和麦纳对抗。

这种思路最早出现在深度思考公司的另一项工作——种群强化学习（population-based reinforcement learning）中。与阿尔法狗明显的不同在于：阿尔法狗让当前智能体与历史智能体对抗，然后只对当前智能体的权重做强化学习训练；而种群强化学习则是让整个种群内的智能体相互对抗，根据结果，每个智能体都要进行学习，从而不只是最强的智能体得到了提升，它的所有可能的对手都有所提升，整个种群都变得更加智能。

从图4中可以看到，随着联盟对智能体的训练，整个联盟的最强水平和整体水平都得到了提升，最终超过了人类玩家达里奥·温和麦纳在比赛匹配分级（match making rating，简称MMR）下的评分。图4中纵坐标给出的是MMR，是一种对玩家水平的有效评估，图4中横线对应暴雪对线上玩家水平的分级。

此外，深度思考公司还宣称，每个智能体不只是简单地和联盟其他智能体相互对抗学习，而是有针对性、有目的性地学习。例如通过内在激励的调整，有些智能体只考虑打败某种类型的竞争对手，而另一些智能体则是要尽可能地击败种群的大部分智能体。这就需要在整体训练过程中不断地调整每个智能体的目标。

权重的训练使用了新型的强化学习——离策略执行-评价（off-policy actor-critic）算法，结合了经验回放（experience replay）、自我模仿学习（self-imitation learning）和策略蒸馏（policy distillation）。这些技术保证了训练的稳定性和有效性。

（四）硬件部分

为了训练阿尔法之星，深度思考公司调动了谷歌公司（Google）的v3

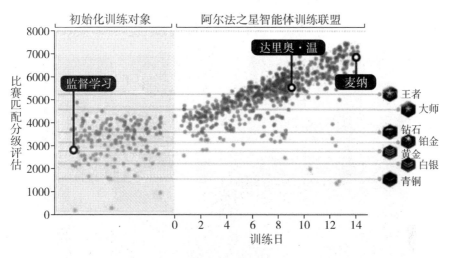

图 4　智能体训练效果对比

张量处理器（tensor processing unit，简称 TPU）①，构建了高度可拓展的分布式训练方式，支持数千个智能体群并行训练。整个阿尔法之星的智能体联盟训练了 14 天，每个智能体调用了 16 个 TPU。在训练期间，每个智能体经历了相当于正常人类要玩 200 年的游戏时长。最终的阿尔法之星智能体集成了联盟当中最有效策略组合，并且可以在单块桌面级图形处理器（graphics processing unit，简称 GPU）② 上运行。

（五）阿尔法之星是如何玩游戏的

在比赛时，阿尔法之星通过其界面直接与《星际争霸Ⅱ》游戏引擎交互，获得地图上可以观察的所有信息（可称为全局信息）。它并没有输入移动视角的视野图像。不过对比赛录像的分析，阿尔法之星隐式地学到了注意力集中机制。平均而言，阿尔法之星的动作指令每分钟会在前线和运营之间切换 30 次，这与达里奥·温和麦纳等人类玩家的切屏行为非常相近。

图 5 是与麦纳第二场比赛中阿尔法之星的神经网络可视化，从智能体

---

① 张量处理器：谷歌专为机器学习设计的一款处理器。
② 图形处理器：又称显示核心、视觉处理器、显示芯片，是一种专门用于在个人电脑、工作站、游戏机和一些移动设备（如平板电脑、智能手机等）上做图像和图形相关运算工作的微处理器。

的角度显示了它对游戏的理解,左下角起为游戏的输入、神经网络的激活可视化、智能体的主要操作位置、局势评估、生产建造。

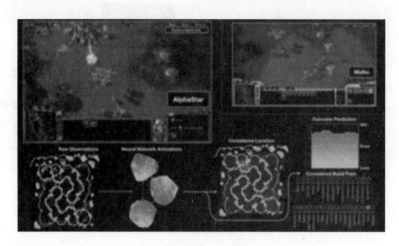

图 5　可视化的神经网络

在 12 月份的比赛之后,深度思考公司开发了第二版阿尔法之星。加入了移动视角机制,使其只能感知当前屏幕上的视野信息,并且动作位置仅限于当前区域。结果表明,阿尔法之星同样能在移动视角输入下迅速提升性能,紧紧追赶全局输入的性能,最终结果几乎一致。

深度思考公司一共训练了两种智能体,一种使用原始全局输入,另一种使用移动视角输入。它们都首先使用人类数据监督学习初始化,然后使用上述强化学习过程和第一版学好的智能体联盟对抗。使用视角输入的智能体几乎与全局输入的一样强大,在深度思考公司的内部排行榜上超过 7000MMR(远高于麦纳)。然而,在直播比赛当中,麦纳战胜了移动视角的智能体。深度思考公司分析认为,该智能体只训练了七天的时间,还没有达到它的最高水平,希望在不久的将来会对收敛结果做进一步评测。(如图 6)

比较以整个地图信息为输入和以移动视角为输入两种智能体训练的提升效果,两者都是不完全信息,存在战争迷雾遮挡敌方单位的情况,只不过前者是将所有可视单位的信息放在全局地图上作为输入,后者是只将玩家局部视野内的单位信息作为输入。因此,后者需要智能体在游戏过程中不断调整局部视野的范围。众多观战者关心的另一个问题是阿尔法之星的平均每分钟操作次数(actions per minute)。计算机可以利用强大的计算能

第五章　电子竞技的专业发展

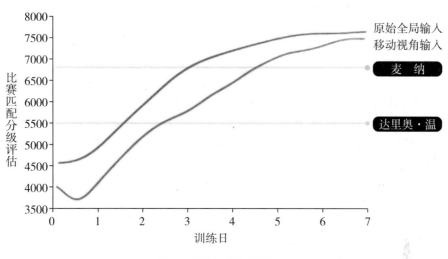

图6　两种智能体训练对比

力在短时间集中大量地操作，远超过人类的极限能力。就算是顶级职业玩家，每分钟操作次数也仅有数百次，远远少于现有的对战机器人。如自动悍马2000，可以独立控制每个单元，每分钟操作次数维持在数万次以上。在达里奥·温和麦纳的比赛当中，阿尔法之星平均每分钟操作次数为280次，尽管其操作更为精确，但每分钟操作次数明显少于大部分职业玩家。同时，阿尔法之星从观察到行动之间存在350毫秒的延迟。（如图7）

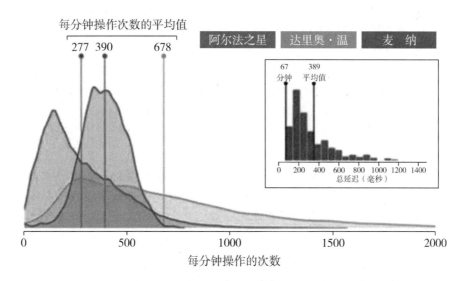

图7　阿尔法之星、达里奥·温和麦纳三者对战时每分钟操作次数的比较

综上，深度思考公司认为阿尔法之星对战达里奥·温和麦纳的胜利依靠的是卓越的宏观机制和微观战略决策，而不是单纯靠闪烁追猎（blink）。

（六）阿尔法之星优缺点分析

1．阿尔法之星的优势

（1）战胜职业玩家

阿尔法之星的成功在《星际争霸Ⅱ》游戏乃至整个实时战略游戏具有里程碑式的意义，不仅在于它第一次正式击败人类职业玩家，更在于这套深度强化学习框架在不完全依赖规则脚本的基础上，通过监督学习、模仿训练、种群提升和后期强化学习来提升智能体的作战能力。这套研究思路和方法也适用于其他实时战略游戏。

（2）微观操作卓越

即使在兵种对抗处于劣势的情况下，阿尔法之星依靠精准的微操决策控制能力，仍然可以反败为胜，化逆境为顺境，表现了实时战略游戏一种虽然简单粗暴但较为直接的解决方式，证明了深度强化学习探索较优可行解的能力。

（3）能够有效利用地形优势的感知能力

在战争局势不利的情况下，能够准确做出战略撤退并分散撤退到具有较高地势的关口四周，利用峡口因素精确做出包夹的动作行为，形成对敌方的封锁及包抄，从而为局势逆转提供条件，具备较强的地形感知能力和利用性。

2．阿尔法之星的不足

（1）硬件资源需求高

单个智能体训练需要16个v3版本（最新版，运算次数为v2版本的8倍）的云处理器，以阿尔法智能体联盟（Alpha League）训练完成的10类智能体作保守估计，至少需要上百块云处理器为硬件计算支持，带来的硬件基础成本使普通开发者难以承受。

（2）鲁棒性（robustness）仍不足

在最后一场直播中可见，由于阿尔法之星无法根据敌人的骚扰意图分散安排兵力部署，防守本方基地，致使被人类玩家戏耍，来回拉扯全军大部队，从而始终无法对人类玩家发起进攻，使人类玩家有足够时间生产大量的反追猎兵种（不朽者），最终导致比赛的失利。

（3）地图场景较为简单

本次使用的催化剂LE（Catalyst LE）为两人小地图，没有多余的随机起始点，因而阿尔法之星不需要派侦察部队侦察敌人的确定位置，减小了环境的不确定性，简化了整体的不完全信息性。并且小地图使智能体偏向于使用速攻（rush）类战术，使探索策略的复杂性显著降低。

（4）微操每分钟操作次数峰值过高

不同于普通人类玩家，阿尔法之星的每分钟操作次数不具有冗余重复性，每次都为有效操作。普通人类玩家的每分钟有效操作次数（effective per minute，简称 EPM）平均大约只有 80 次，只有在交战过程中短暂的 20 秒到 30 秒的时间达到有效操作次数 200 次以上。但阿尔法之星在使用近乎无解的闪烁追猎战术时，有效操作次数估计能达到 1000 次左右，这显然对人类玩家并不公平。

（5）后期表现未知

根据此次比赛公开的录像表现，阿尔法之星大部分时刻采取追猎者攻击、骚扰或防御等动作，尚未观察到其他更为高级的兵种操作，并且没有出现满人口、满科技树的情况，因而阿尔法之星的后期表现能力存在较大疑问。

总评：从开放的 11 组视频对战资源分析，阿尔法之星可以在局势不利的情况下，凭借卓越的微操控制能力、地形利用能力和多兵种整体协同配合能力有效逆转战局，实现扭亏为盈。但是在最后一场现场直播中，阿尔法之星出现了明显的作战缺陷，始终无法合理分配兵力保护基地，被人类玩家来回拉扯战场，错过了进攻的最佳时机，导致最终失利。纵观本次人机对抗，虽然在限制人工智能对手的每分钟操作次数部分做得不太到位，只限制其每分钟操作次数的均值而没对峰值限制，但与 2017 年在韩国世宗大学举办的《星际争霸Ⅱ》人机对抗（同样没对电脑每分钟操作次数进行限制）人工智能对手惨败相比较，本次阿尔法之星是真正意义上在全尺度地图上击败了人类职业玩家，可谓进步显著。

（朱圆恒、唐振韬、李伟凡、赵冬斌：《Deepmind AlphaStar 如何战胜人类职业玩家》，https://zhuanlan.zhihu.com/p/55827285，访问日期：2020 年 8 月 2 日）

思考题

1. 网络平台技术的应用为电子竞技的发展带来了哪些便利？
2. 网络平台的实现运用得到哪些技术支持？

3. 请分析电子竞技平台的发展趋势。
4. 数据科学技术的应用给电子竞技带来了哪些改变？
5. 有人认为，电子竞技在将来就是一种数据的转换。请谈谈你对这种观点的想法。
6. 请谈谈如何应用网络平台和数据科学技术为电子竞技的发展带来更多支持。
7. 人工智能技术在电子竞技领域可以起到哪些作用？
8. 有人认为在不久将来，人类在电子竞技领域会无法战胜人工智能，你怎么看？
9. 结合课程所学，分析人工智能是如何学习"电子竞技游戏"的？
10. 虚拟现实技术的应用会给电子竞技的发展带来哪些改变？
11. 有人认为电子竞技的发展是离不开艺术的，你怎么看？
12. 视觉艺术在电子竞技游戏中有哪些特征？
13. 听觉艺术在电子竞技游戏中有哪些特征？
14. 结合你的电子竞技经历，谈谈艺术在电子竞技中的重要性。
15. 电子竞技中的艺术表现种类有哪些？
16. 电子竞技中的艺术表现特征有哪些？
17. 分析电子竞技游戏中视觉艺术的价值是如何体现的。
18. 分析电子竞技游戏中听觉艺术的价值是如何体现的。
19. 电子竞技游戏中叙事艺术的表达需要注意哪些要素？
20. 请谈谈在一场大型电子竞技赛事中不同类型的艺术是如何发挥作用的。

第二节　电子竞技的专业方向

解决电子竞技行业人才极其紧缺的问题是设立电子竞技专业的初衷，这与其他许多专业的产生是一致的，综观所有专业（方向）的发展，从新专业诞生到过时专业消逝，一般都会伴随相关行业市场的兴衰和全社会发展的需求导向。

这一节主要探讨目前现有的电子竞技专业方向和市场需求的关联性，主要有几个方向，分别是电子竞技运动与管理、电子竞技艺术设计（艺术与科技）、电子竞技策划与运营和电子竞技解说与主播（播音主持艺术）。

一、电子竞技运动与管理

电子竞技运动与管理是目前国内唯一的电子竞技专业,部分专科与本科层次院校均有开设,以体育类院校居多,如湖南体育职业学院(高职)、海南体育职业学院(高职)、山东体育学院(本科)等。

2016年,笔者蔡文敏代表长沙电子竞技协会与湖南体育职业学院一起,共同筹备了该专业的申报。在专业获批后,我们认为,此专业应以运动训练学和管理运营学为核心展开教学。因此,在培养计划上采用结合"电竞理论""硬件技能"和"产业实践"的三位一体教学模式,着力打造符合新时代和市场需求的特色课程体系。教学产出的主要目的是为电子竞技领域提供既充分掌握竞技运动原理又懂管理运营策略的复合型人才,可以承担电竞产业中的教育培训、运动训练、赛事组织、赛事运营和俱乐部管理等工作。

学习课程主要是分三大模块:大学生基础通识课,如大学生英语、马克思主义基本原理等;专业实践课,如课程实践与应用、电竞赛事执行等;专业理论课,如电子竞技概论、电竞运动训练、电竞博弈心理、赛事策划、赛事运营、管理学和技能软件等。作为体育类专业,接下来主要探讨运动训练的课程。

(一)电子竞技运动训练

电子游戏受众的大幅度增长为各游戏项目提供了选拔高水平竞技选手的蓄水池,电竞赛事的成熟又为高水平的竞技选手提供了展示技艺的舞台。电竞比赛项目的对抗日趋激烈,涉及环节也不断增多,电子竞技的运动训练开始被越来越多的参赛组织、教练和选手重视。这里值得一提的是,由于比赛常用项目的扩张,电子竞技的舞台已不再局限于即时进行类电子游戏,回合制策略游戏也开始占有一席之地,这意味着参赛选手的年龄限制被打破了,那么,电子竞技运动训练的人群范围同样也扩大了。

1. 电子竞技运动训练的必要性、社会价值与发展

电子游戏从休闲娱乐的用途中逐渐演变出一个以比拼技艺竞争胜负的新领域。在此过程中,游戏的限定规则不再局限于游戏本身,开始朝着组织竞赛客观公平的需求发展,一些反复的游戏体验也开始转向以提高与他人对抗竞技的水平为目的进行的比赛。随着电竞赛事的普及和电竞受众群体的扩张,电子竞技运动的概念开始被人们接受。

电子竞技运动是一项新兴的事物，任何新生事物的出现都会有人或是群体去给它加以定义。电子竞技运动发展至今，现在的人们对其普遍认可的定义为：电子竞技运动是以现代电子技术和电子设备为运动器械，在信息技术营造的虚拟环境中，采用统一的公平竞赛规则及在有限的时间内进行的人与人之间的对抗。

　　作为体育竞技项目，必然会产生胜负，胜负结果取决于游戏参与者竞技水平的高低。如何提升竞技水平从而获得胜利就成为游戏参与者需要考虑的首要问题，在此，相应的运动训练就应运而生了。

　　运动训练的最主要目的在于通过遵循合理的训练原则、安排有针对的训练内容、制定有效的训练方法来全方位提升训练参与者的竞技水平，并取得较好的赛事成绩。适合的运动训练可以有效提高训练参与者的思维能力、反应能力、协调能力、团队精神和毅力，以及对现代信息社会的适应能力，从而促进受训对象的全面发展。

（1）电子竞技运动训练的必要性

　　人类追求更强是本能，竞技运动与生俱来伴随着未知和不断的挑战，人们进行竞技运动的过程是对自我追求的一种实现，也是人类对各方面极限可能的一种不断摸索，在电子竞技领域也是如此。

　　电子竞技的形式发展至今，从一些简单的数字图形移动逐步演变成了今天种类繁多且内容复杂的游戏。电子竞技游戏在充分挖掘人的思维反应能力、操作反应能力和对画面图形转变为大脑数据的反应能力的同时，也刺激了游戏参与者的身心反馈协调统一能力和参与者之间团队配合能力的发展。

　　游戏一般会加快的更新速率，电子竞技运动相对于传统的竞技运动而言，在载体上具有较强的时效性。传统的竞技运动，例如自由搏击、球类运动、水上运动、田径运动等，其竞技项目本身的可变性微乎其微。而电子竞技运动的载体电子竞技游戏则具有很强的时效性，这种时效性会对游戏参与者产生较大的影响，不同版本的同一款游戏可能在玩法上和技巧上存在极大差异，跟上更新速率的相应训练就非常有必要了。

　　观赏性是影响运动训练的一个侧面因素，主流电子竞技游戏从诞生到普及再到风靡世界的过程是一个不断吸纳玩家的过程，如何吸引大量的玩家进入，观赏性起到了举足轻重的作用。为了让观赏性达到水准，游戏参与者们必要的战术编排和配合训练必不可少。

（2）电子竞技运动训练的社会价值

　　电子竞技运动训练分为职业训练、半职业训练和业余训练，其产生的社会价值首先表现在人类在该领域的自我极限突破上。电子竞技运动的产生，将人类从现实社会的极限突破延伸至虚拟世界。每一次极限操作、每一次战术布阵、每一场经典比赛，都需要有顽强拼搏、奋力进取的竞技精神做支持。这种精神也是人类社会向前发展的动力源泉。

其次，电子竞技中充满了团结一心的合作精神。团队选手之间、教练队员之间，每一次高水平的对抗、每一场高难度的胜利，无不诠释着协同并进、齐心共赢的合作精神。

再次，展现国家、地区和社会团体的综合实力。电子竞技项目是国家认可的体育项目，也是各大综合性赛事认可的正式比赛项目，继亚洲奥林匹克理事会宣布电子竞技为2022年杭州亚运会正式比赛项目后，国际奥委会也相继宣告承认电子竞技运动属于一项体育运动。作为国际间相互竞技的体育项目，比赛的胜负不仅涉及选手个人，更承载了团体、地区甚至国家荣誉。

最后，电子竞技运动训练的普及和发展会影响消费结构，电子竞技的辐射人群已超过足球、篮球等传统体育项目。举办各类大型电竞赛事不仅可以获取直接经济效益，更可促进相关产业快速发展。

（3）电子竞技运动训练的发展

早期的电子竞技运动项目训练形式比较单一，注重个人反复实践操作，选手往往身兼教练、分析师、心理师多重角色，训练相关的内容和方法都不完善。

世界电子竞技大赛出现后，电子竞技运动在全球范围内蓬勃发展，同时也大大提升了进行电子竞技运动训练的必要性。加速电子竞技运动训练发展的因素主要有如下几点：

一是电子竞技赛事在世界范围内广泛开展。世界电子竞技大赛（WCG）拉开了世界级电子竞技赛事的帷幕，但受限于游戏种类较少（主要以RTS类和FPS类为主）和游戏难度较高（对个人的操作技术和战术意识要求过高），导致游戏受众群体和游戏赛事有限。随着多类型竞技游戏（如MOBA类）的出现和竞技游戏个人上手难度大幅降低（更侧重于团队之间配合），得益于各大竞技游戏的受众增长迅猛和转、直播技术的突破，各大电竞赛事如同雨后春笋般涌现。

二是主流电竞项目主办方赛事影响力和奖金暴涨。近年来最具影响力的电竞赛事莫过于《英雄联盟》的S级赛事和 *DOTA 2* 的TI赛事。全球的同步转播、亿次的观看量、动辄千万美元的大赛奖金、不可估量的粉丝经济等，无不让人们对电竞职业充满向往和梦想。

三是从事电竞职业的选手人数大幅增长。主流媒体的利好报道、丰厚的职业成绩回馈加上社会认同度的提升,近年电竞领域职业选手的数量呈急剧上升趋势。竞技选手迅速增长,对竞技水平和科学化训练的要求自然也大大提高了。

2. 电子竞技运动训练的原则与方法

(1) 电子竞技运动训练的原则

电子竞技运动训练所遵循的原则与传统体育训练有诸多的相同点,这些训练原则对于电子竞技比赛训练活动的方式方法和强度周期给予了合理的指导和规范,同时能够培养训练对象在训练活动中的逻辑思维和反馈习惯,从而取得理想的训练成果。

这些原则都是围绕着人和具体竞技项目而展开运作的,经过漫长时间的探索与发现,人们通过对各类型的竞技运动训练、反思、总结,逐步发掘了运动训练一系列内、外部规律。这些规律主要包括:人的运动竞技能力是比赛取得成绩的核心关键;人的运动竞技能力是不固定的;人的运动竞技能力的变化主要取决于遗传、环境和训练,合理有效的运动训练能使人的竞技能力产生显著改变。[①]

依据这些客观规律,遵循相应的运动训练原则对选手们的训练进行指导,能使选手的竞技水平有效提升并得到训练的反馈,从而增强竞技能力,提高比赛成绩。

在电子竞技运动发展的过程中,人们对电子竞技运动的认知在不断发生变化,运动训练的原则也在发生一些变化。在目前阶段,电子竞技运动训练主要遵循的原则包括赛事竞技需要原则、训练动机激励原则、负荷强度适合原则、周期计划制订原则、一般训练与专项训练结合原则和版本更新适应原则。

第一,赛事竞技需要原则。电子竞技运动进行训练的主要目的(或称为训练目标)就在于取得该项目更好地赛事成绩,由此,赛事竞技需要原则,可以看作是为提高参赛选手竞技能力及运动成绩的需要,以实际比赛对抗强度为基础,合理地安排赛事前训练周期分布及训练的具体内容、团队磨合、训练频率、训练方法和战术编排等因素的训练原则。

电子竞技运动发展至今天,因赛事价值的飞速增长,其中的竞争已非常激烈。这就使得赛事的参与者们把提高比赛竞技能力以取得更好的比赛

---

① 田麦久、刘大庆主编:《运动训练学》,人民体育出版社2012年版。

成绩放在运动训练原则的首位，其他的训练原则都会围绕赛事竞技需要来运行。所以，训练内容、频率、方法、战术等均为训练目标服务，都围绕着赛事竞技的需要而进行，训练目标也可以看作是训练参与者的行为导向标和行为终点。

电子竞技运动项目种类多样，不同类型的项目其竞技特点会存在较大的差异，如此，对参赛选手具备的竞技能力结构就会有不同要求。因为选手们的竞技能力是由多个维度构成，一般包括身体体能、身心反应、操作技巧、战术运用、版本适应和团队默契等，因此，在不同的电子竞技项目中，选手们的竞技能力结构中的作用就会产生不一样的能效。

为赛事进行训练前，训练组织者（一般为教练）需要对所训练对象的竞技能力结构进行全面深入的认识，由此才能准确地制订与赛事需要相符合的训练方案，确保运动训练活动的高效率，从而达到最终的训练目标。

第二，训练动机激励原则。从人类的身心状态来看，不管从事任何领域的活动，动机都会对最终结果产生重大影响。训练动机是训练参与者能够长期坚持、积极勤奋进行运动训练的重要驱动力。该动机受到内部因素和外部因素的共同影响，只有内部外部动机一起积极运作，协同发挥功效，才能让训练参与者保持良好且长久的训练状态。

在电子竞技运动萌芽期，人们对电子竞技运动的看法还过于片面，有部分群体会认为电子竞技仅仅是娱乐放松式的打游戏。然而，实际情况是，电子游戏上升到竞技层面，也是一种人与人之间进行技艺对抗的载体。一款电子竞技游戏，尤其是热门项目，会有数以千万甚至过亿的游戏参与者，想要在如此大的人群受众中脱颖而出，就必须通过严格艰苦的训练。

在类别上来看，训练内容可以分为一般训练和专项训练，不管是哪一项都是枯燥无味、反复冗长的，例如某一套卡组重复进行上千次的应变对抗、某一个英雄的多技能组合等。因此，对训练参与者进行积极导向的激励十分必要。

在电子竞技运动的舞台上，赛场上的选手们一战成名，一战永逸的情况不在少数，取得好的赛事成绩往往会带来丰厚的物质回报和精神回馈。训练管理者和教练们就需要用这些条件去激励训练参与者，同时激发他们的内部动机，让其产生内外激励的循环能动力。这样可以使得训练参与者进入一种最佳训练状态，在他们在承受枯燥反复的训练中获得最优的训练效果。

第三，负荷强度适当原则。在电子竞技运动中，比赛选手的黄金年龄一般为 16～26 周岁，这是因为许多电子竞技项目都需要进行高强度训练，对选手身心反应能力要求极高。例如早期的 RTS 类竞技项目《星际争霸》，职业选手们的每分钟操作次数数值一般会在 300 左右，多线操作也必须熟练掌握，同时在瞬息万变的局势中要做出兵种、科技和战术的变化。这对一般玩家来说都是极其困难的，那么，在高水平竞技需要的压力下，超强度负荷的训练就会成为日常。

经过运动训练理论学科的长期研究，人们发现长期的超强度负荷训练容易对训练参与者造成身心伤害，造成人体机能下降过快，竞技水平难以长期良好保持，其职业生涯会大幅缩减。

在以人为本的理念下，关注选手们的健康并延长其职业生涯应该在运动训练中有所体现，在电子竞技的运动训练中，需要遵循负荷强度适当的原则。这条原则要求训练管理者或教练对训练过程进行有效记录和分析，准确地把握训练参与者的身心承受程度，根据反馈信息进行及时的负荷强度调整。这种调整是为了使训练参与者的人体机能状态能够适应训练规律，快速进入良好的恢复—训练—恢复—训练循环。

在时下热门的电子竞技运动项目中，团队配合项目居多，那么在制定一个团队的训练强度时就需要一定的区别对待。每一个训练参与者的能力和状态都是不同的，有各自的优势也存在各自的缺陷，团队训练中的负荷强度就需要根据每个训练参与者的具体情况来做一个平衡，保障团队训练达到强度标准，但也不会对个别参与者造成训练伤害。

第四，周期计划制订原则。周期计划的制订一般分为长效大周期和应赛小周期，大周期的训练计划更多是依据赛事项目特点和训练对象基础来制订，小周期的应赛训练计划会更偏向针对性的练习和训练对象的即时状态。

长效大周期训练会更加系统和稳定，也是取得赛事理想成绩的必要条件。赛场上选手们竞技能力的发挥是一种综合表现，会受到来自身心内部和环境外部多方面的影响。因此，从人体的机能适应角度来看，训练参与者提升并保持某一项目的竞技能力是身心各个系统和认知长期刺激反应的结果，短期的刺激不足以实现训练参与者竞技能力的稳定。

然而，为了在重大比赛中取得更好的成绩，短期的小周期应对训练也是十分必要的，人体的机能存在不稳定因素，这就会导致训练参与者的状态不稳定，所以，在制订小周期的应对训练计划时会以训练参与者的即时状态为轴心，在状态的训练才是有效训练。

在电子竞技比赛项目中，由于游戏更新速率和竞技对手更替速率过快，在小周期计划制订时还需要对比赛项目所采用的版本和其他参赛的对手进行大量的针对性训练，做到知己知彼，打有准备之仗，从而在最短的时间内取得最有效的训练效果。

大小周期的训练计划在任何竞技项目中都有其存在价值，在电子竞技运动中合理有效地利用大小周期计划进行训练，会使得训练参与者在正式比赛中发挥更好。

第五，一般训练与专项训练结合原则。在多数电子竞技运动项目中，同一项目会需要多个不同类型的选手参与。例如，在时下热门的多人即时在线对抗类游戏《英雄联盟》中，双方队伍均由五位选手组成，每位选手在队伍中的作用、职责、能力都会出现差异。而且面对不同的竞技对手，在选择英雄阵容上也会体现出不同的针对性。因此，在进行训练的过程中，一般训练与专项训练的结合就显得尤为重要了。

一般训练是综合素质的培育，涉及范围广泛，训练方法多样，注重训练对象的全面发展。对游戏机制的深度理解，对各种人物、物品、技能的熟练使用，简而言之，就是什么都需要练，什么都不能遗漏。

专项训练是高强度重复的定式训练，涉及范围小、针对性强、注重训练对象的优势最大化。对游戏中某些领域的深度探索，对某个位置甚至某个英雄的潜力发掘，对自身反应、耐力的极限突破，某些针对对手的战术研究，都属于专项训练范畴。可以简单理解为需要什么，就练什么。

在高水平的竞技对抗中，获得成功取决于99%的努力和1%的天赋。选拔训练对象也就成了一个发现天才，雕琢成器的过程。每一个训练对象都是独立个体，都具有不同的生理构成和优势。顶级水平的电子竞技选手，往往具备超凡的先天特质。在一般的训练中，优秀的教练员们应当善于发现各个训练对象的优势所在，再通过专项训练去激活训练对象的特质，进行导向式的培育。

第六，版本更新适应原则。传统的竞技体育项目，在载体和规则上都较为稳定，如此，训练目标和方法就会相对稳定。但是，电子游戏具有时效性特征（这也是电子竞技运动训练与传统体育训练区别较大的一点），在玩家中广泛流传的"一代版本一代神"也很好地诠释了电子竞技运动训练中需要遵循版本更新适应原则。

电子竞技的载体终归是电子竞技游戏，而电子竞技游戏除了具备较强的竞技属性外，还具备娱乐属性。我们从电子游戏的发展来看，一款电子游戏的寿命长短主要取决于游戏本身的可玩性。影响游戏可玩性的因素主要包括有机制、画面、故事、概率和创新等，在游戏玩家们适应了原有的一切后，为提高游戏可玩性和玩家们的新奇感，游戏开发商会打破这一切，不断地更新游戏，使之发生不同程度的变化（目前主流的竞技游戏一般会采取一月一小更新，半年一大更新）。

游戏地图、英雄、物品等的变化对参加比赛的选手们影响是非常大的，这些更新会不同程度地打破原有游戏格局。所以，适应游戏版本的节奏是每一个项目教练需要认真对待的首要问题，也只有如此，才能有效地确保训练方案的先进和高效，更好地把握住获得胜利的机遇。

（2）电子竞技运动训练的方法

在电子竞技运动的发展过程中，各电竞项目中的选手、教练、数据分析师们创造出了不同类型的训练方法，不同的训练方法均有特定的练习功能和操作方式。教练员合理使用方法进行训练安排，是巩固和提升训练对象竞技能力和水平的重要手段，有利于提高训练效率和团队默契。训练对象正确地掌握各项方法，有助于高效率地达成训练目标。

训练方法在理论与实践相结合的过程中，由于适用对象的多维特性，会不断演变和进步，为更好地适应训练对象特征和竞技环境的需要，电子竞技运动的训练方法由早期的简易单一逐步发展到今天的循环综合。

根据比赛项目类型的不同，一些指向性极强的特殊训练方法会根据某些项目甚至是某一训练对象的天赋能力而专门制定。在此列举的是一些在训练中常被用到且较为有效的实际操作训练方法，容易上手行而有效。

第一，体系步骤训练法。电子竞技项目依据其游戏类型在获胜途径上会有不同的侧重。体系步骤训练的意义在于使训练对象牢固掌握训练项目的游戏规则和游戏体系。

任何一个电子竞技项目都具备多种影响竞技结果的因素，如阵容、种族、英雄、武器、地图等，根据每一局对抗的具体情况，这些因素又会产生完全不同的局面。因此，在训练中分主次步骤地熟悉和掌握所有影响竞技结果的因素是十分必要的。

本节中，我们以即时对战类的《魔兽争霸：冰封王座》为例来阐述体系步骤训练法的应用。

《魔兽争霸：冰封王座》中影响竞技结果的客观因素主要是地图和种族，其中地图包括大小与资源，种族包括英雄、兵种、建筑、科技；影响竞技结果的主观因素主要是战术意识和控制操作。

在训练时，首先将所有的训练内容编排为若干次级单元，次级单元内容体系需要有相关性和逻辑性，先后顺序可以依据个人偏好和习惯来定。训练对象需要保质保量地去完成每一个次级单元任务，再进入下一个次级单元，如果有步骤进行得不顺利，要及时记录反馈和调整状态，整个体系步骤的训练过程中，应当做到稳固基础和发现特长。

不同种族的使用者均可采用体系步骤训练法进行备战训练。根据四大种族，将完整的体系分为四个次级单元，一个次级单元完成后，可以再依次进行其他三个次级单元训练，每一个次级单元的训练时间为一个月。表5-2-1中展示的是亡灵族次级单元的训练方法。

表5-2-1 亡灵族简易体系步骤训练

序号	训练步骤	训练频率
1	熟悉比赛用地图（包括地图资源分布、地图可控中立生物和地图地形设置等）	1小时/周
2	掌握亡灵族建筑功能和摆放技巧	1小时/周
3	掌握亡灵族英雄技能和搭配（包含中立可招募英雄）	1小时/周
4	掌握一级基地兵种（包含英雄）的特性和搭配	30分钟/天
5	掌握二级基地兵种（包含英雄）的特性和搭配	30分钟/天
6	掌握三级基地兵种（包含英雄）的特性和搭配	30分钟/天
7	掌握不同等级混合兵种（包含英雄和中立可招募或控制生物）搭配特性	1小时/天
8	掌握亡灵族对抗亡灵族的战术编排和操作技巧	2～3局/天
9	掌握亡灵族对抗精灵族的战术编排和操作技巧	2～3局/天
10	掌握亡灵族对抗人族的战术编排和操作技巧	2～3局/天
11	掌握亡灵族对抗兽族的战术编排和操作技巧	2～3局/天
12	录像回放和反馈记录	2小时/天

熟悉地图的作用主要是让选手能够更好地利用地形和中立资源来掌握比赛的节奏和进行随机应变的战术决策。有利地形的站位、阴影拐角的埋伏都可能成为影响最终胜利的因素。（如图5-2-1）

在《魔兽争霸：冰封王座》这款游戏中，建筑属于可控制的单位，在建造它们的过程中可以考虑战术布局的需要来摆放建筑位置和对建筑进行升级。如此一来，可以最大限度地利用建筑为防守布局和组织进攻提供支持，良好的建筑布局能在防守时给对手带来不小的麻烦。（如图5-2-2）

图5-2-1 比赛常用的小型地图——回声群岛（Echo Isles）

图片来源：《魔兽争霸：冰封王座》游戏截图。

图5-2-2 亡灵族的建筑

图片来源：《魔兽争霸：冰封王座》游戏截图。

第二，专项突破训练法。专项训练具有较强的针对性，被广泛应用于各大类型电竞项目的训练，核心作用是"弥补短处"和"增强长处"。

通过常规循环或者体系步骤的训练,训练对象的优点和劣势都会显现。教练员再根据他们的这些特点有的放矢地为其制定相应的专项突破训练。专项突破训练也可用于战术编排,根据竞技对手的短板和长处来进行相应训练。

在《魔兽争霸：冰封王座》当中,属于选手操作控制范畴的十字围杀(对于体积较大的单位甚至仅使用三个单位即可完成)、风筝(HIT&RUN)、编队和技能切换衔接都需要大量专项训练。

十字围杀的难度远远高于米字围杀,属于较高级别的微操作,仅使用四个单位围住一个单位,限制其位移而将其击败。对动态的敌人,不仅需要依靠精准的单位操作,还需有一定的预判断走位意识。

十字围杀操作难度系数高,在比赛中是一种极具观赏性的微操作,再做到得心应手,必须了解游戏中每一个单位的碰撞体积,并且需要做大量的操作练习。

十字围杀需要依赖单位的移动速度或控制技能,一般适用于小规模的追逐战、前期速攻和抗骚扰上。亡灵族的亡灵骑士+食尸鬼和恐惧魔王+食尸鬼、人族的山丘之王+人族步兵（如图5-2-3）、暗夜族的守望者+女猎手、兽族剑圣+兽族步兵+加速卷轴等都是常见的围杀组合。表5-2-2中展示的是亡灵族次级单元的十字围杀专项突破训练方法。

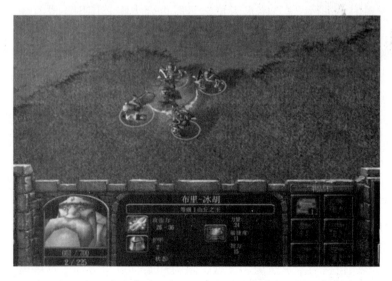

图5-2-3　人族步兵配合山丘之王对恶魔猎手进行十字围杀

图片来源：《冰封王座》游戏截图。

表 5-2-2　简易的亡灵族十字围杀专项训练

序号	训练步骤	训练频率
1	熟悉单位的碰撞体积和移动速度	30 分钟/周
2	恐惧魔王+3～4 个食尸鬼的使用技能下静态包围练习	30 分钟/周
3	亡灵骑士+3～4 个食尸鬼的动态包围练习（练习对象可选择使用人族山丘之王和人族步兵）	30 分钟/天
4	亡灵骑士+3～4 个食尸鬼的动态包围练习（练习对象可选择使用兽族先知和兽族步兵）	30 分钟/天
5	亡灵骑士+3～4 个食尸鬼的动态包围练习（练习对象可选择使用暗夜精灵恶魔猎手和女猎手）	30 分钟/天
6	选择亡灵族为对手使用食尸鬼打法开局	2～3 局/天
7	选择人族为对手使用食尸鬼打法开局	2～3 局/天
8	选择兽族为对手使用食尸鬼打法开局	2～3 局/天
9	选择精灵族为对手使用食尸鬼打法开局	2～3 局/天

值得一提的是，在没有控制技能的情况下，十字围杀往往需要使用一个单位对对手进行"Z"字形卡位，然后再合力将其围困，没有控制的情况下，卡位的同时进行围杀是非常难操作的。

除了在操作控制上进行专项训练以外，在战术应用上同样也可以进行专项训练。某些战术的针对性极强，运用得当可以发挥出额外的威力，例如亡灵族针对暗夜精灵的"天地双鬼流"、人族针对兽族的"SKY 流"、暗夜精灵在较大地图上的"乱矿流"等。这些战术应用的流畅度取决于在战场上的随机应变，需要大量的流程练习去熟悉战术节奏，把控和战术中运用的每个兵种的特性。

第三，反复负荷训练法。反复负荷训练法的意义在于全面提高训练对象的身体素质，增强负荷。同时，通过大量反复练习形成肌肉操作记忆减少操作失误概率。

高水平高强度的电子竞技对抗全面考验参赛者的身体素质，通常所说的身体素质包括力量、速度、灵敏、耐力和柔韧五个方面，这些需要通过反复的负荷训练来进行有效提升。一个人身体素质的好坏与遗传有关，但通过正确的方法和训练，可以从各个方面提高身体素质。

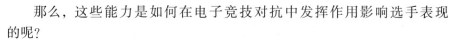

那么，这些能力是如何在电子竞技对抗中发挥作用影响选手表现的呢？

力量，指整个身体或身体某个部分肌肉在收缩和舒张时所表现出来的能力。力量在传统体育竞技项目中的体现较为直接，没有力量，选手肯定跳不高、跑不快、爆发力小，直接影响选手可完成的技术动作的强度、难度、准确率等。而在电子竞技中，力量因素对选手的影响则不那么容易被察觉，因为目前阶段的电子竞技项目多以鼠标和键盘为操作工具，一个发育正常的人不存在按不动鼠标和键盘的情况。但是力量强弱是肌肉耐力增长和增强反应的一个重要因素，有助于速度和灵敏性、耐力的发展。

由于电子竞技的战场瞬息万变，机会转瞬即逝，所以，速度和灵敏性在即时进行的（RTS、MOBA、FPS等）电子竞技项目中是极其重要的。速度指在单位时间里完成动作的次数或是身体快速位移的能力，可以反映人体中枢神经系统的机能状态和神经与肌肉的调节机能，也可以综合地反映人体的爆发力、灵敏性、反应速度、柔韧度等素质。其表现形式有反应速度、动作速度和中期性运动中的位移速度。而灵敏性是人体在复杂多变的条件下，对刺激做出快速、准确的反应，灵活完成动作的能力。一次突袭的先手开团、一次技能的完美衔接、一次位移的关键闪避，甚至0.1秒之间的瞬时反应，都可能带来截然不同的战况结果。柔韧性是人体各个关节的活动幅度、关节周围组织（跨过关节的韧带、肌腱、肌肉、皮肤等）的弹性和伸展性的表现，柔韧性强会带来更好的身心协调和肌肉耐久能力。

耐力，指人体长时间进行肌肉活动的能力，也称抗疲劳能力。耐力素质体现了肌肉耐力、心肺耐力和全身耐力的综合状况，它与肌肉组织的功能、心肺系统的功能以及身体系统功能的提高密切相关。一场持久战会因为过长的注意力高度集中而消耗过多的体力，在胶着状态下，耐力强的一方可以更长时间保持较好的竞技状态，从而拿下最后的胜利。

通过反复高强度高负荷的训练不仅仅可以提升训练对象的身体素质，还可以减少操作失误的概率。俗话说"熟能生巧"，人类脑部需要时间去理解和吸收一种知识或者技能，然后才能达到超高水平。顶尖的选手需要花上大量的训练时间才能让一项技艺至臻完美。

这种练习方法在反复上要注意保持"刻意"，也就是为什么而反复，带有目的地进行反复训练并提升负荷强度。

反复的高负荷练习需要信念支持，对天赋要有正确认识。我们要真正意识到"意志力和天生才华，都是人们在事实发生了之后再赋予某个人的优点"。

第四，模拟赛事训练法。模拟赛事训练法一般适用于将进行正式比赛的训练对象，训练时会按照正式比赛方式和规则进行。模拟赛事训练法可以让训练对象更好适应比赛节奏和规律，比赛还原（或复盘分析）有助于参赛者消除不安定因素，提升综合竞技能力。

电子竞技赛事中的比赛规则和赛制相比传统体育竞技项目存在许多差异，教练需要依据赛事竞技需要原则，围绕比赛规则和赛制带领训练对象进行模拟赛事训练。电子竞技运动中常用的赛制有单败淘汰赛制、双败淘汰赛制、GSL赛制和瑞士赛制。（见表5-2-3）

表5-2-3 电子竞技比赛中的常用赛制

赛制名称	赛事规则
单败淘汰赛制	每场比赛的负方将与冠军无缘，通常单败淘汰制竞赛的参赛者数目为2的次方（2、4、8、16……），由此可确保每轮比赛的对决双方有相同的比赛场数。比赛配对可全部预定好或每轮比赛过后才决定，假如没有轮空，每轮比赛将淘汰半数的参赛者。当只余8名参赛者时，该轮比赛称为"四分之一决赛"，接下来剩余4名参赛者的为半决赛，胜出双方将在决赛中争夺冠军名誉
双败淘汰赛制	与单败淘汰赛制输掉一场即被淘汰不同，参赛者只有在输掉两场比赛后才丧失争夺冠军的可能。一般双败淘汰制也有2的次方数（如4、8、16）的参赛者，以保证每一轮都有偶数名参赛者。双败淘汰制的比赛一般分两个组——胜者组与负者组进行。在第一轮比赛后，获胜者编入胜者组，失败者编入负者组，继续比赛。之后的每一轮，在负者组中的失败者将被淘汰；胜者组的情况也类似，只是失败者仅被降入负者组，只有其在负者组中再次失败后才会被淘汰出局
GSL赛制	双败淘汰赛制的一种细化分类。所有的参赛者在第一轮通过随机抽签确定自己的对手，在第一轮中获胜者可以进入第二轮胜者组，而在第一轮失败则会落入第二轮败者组。随后，胜败者组每轮比赛的胜者进入下一轮，而胜者组的败者则会落入败者组进行下一轮比赛，败者组的败者会被淘汰出局

续表 5-2-3

赛制名称	赛事规则
瑞士赛制	比赛会随机公平地编排第一轮比赛（一般由抽签决定），接着开始比赛，当某一轮比赛结束后，可以得到所有比赛选手的总积分，根据这个总积分的高低，把比赛选手由高到低排序，接着是高分选手和高分选手比，低分选手和低分选手比，上一轮比过的下一轮就不会相遇，如此循环，直到所有轮次结束。电子竞技比赛使用的瑞士赛制和棋类比赛中所使用的有所不同，棋类比赛通过积分决定名次且不会淘汰任何选手，而电竞比赛则不计积分，且经常被用于小组赛阶段来决定出线和淘汰名额。瑞士赛事是一种科学合理的赛制，相比淘汰制，优势在于可以使赛程大大缩短，每轮比赛都是根据前一轮的战绩决定对阵，保证强队不会遇到弱队，使比赛更加公平

每个竞技项目都有其独特性，除了以上这些常用赛制，有些项目还会采用升降级赛、KOF①等专用赛制。在模拟赛事训练中，不仅要适应比赛赛制和规则，还需对所有参赛队伍进行研究，如参赛选手中的实力分布、擅长战术和优势劣势等，"知己知彼方可百战不殆"这句战场上的名言一样适用于电子竞技运动。

除以上因素外，调整竞技状态在模拟赛事训练中也是非常重要的，在这个阶段的训练中，训练负荷和心理状态都会发生很大的变化，教练应该根据实际情况进行相应的调整和引导，使训练对象调整到最佳状态去迎接正式比赛。

（二）管理与运营

由于内容重合，我们把该部分的内容放置在电子竞技策划与运营的一节中。

二、电子竞技策划与运营

电子竞技运动与管理是更适合体育方向进行教育教学和研究的专业，而对于以传媒传播或艺术设计为教学主导的方向来说，需要有新的专业

---

① KOF 赛制：竞技比赛过程中，两队人马轮番上阵较量，输者败后离场，换队内其他队友上阵，直至某队无人可上；从而分出胜负，缘自"泰皇"系列。

（方向）来引领。电子竞技策划与运营（方向）是南京传媒学院在2018年为适应电子竞技产业发展而新设的专业方向，属于艺术与科技专业。

相比电子竞技运动与管理的教学方向来说，电子竞技策划与运营更侧重于为电竞行业培养策划类和运营类的人才，教学重点主要落在培养学生的文字综合、思维逻辑、创作策划和渠道运营的能力上，使之能够从事电竞赛事及战队运营与管理、电竞节目包装与制作、电竞展会规划与后勤、电竞与游戏测评、交互娱乐产品运营与发布、电竞文创周边产品、电竞赛场及展台设计、战队视觉包装以及相关工作。毕业生就业主要面向电竞运营商、游戏开发公司、互动娱乐网站、电竞战队及俱乐部、数字互动娱乐公司、策展公司、体育赛事组织与管理部门等企事业单位。

该专业（方向）学习的核心课程主要有电竞游戏概论、电竞游戏用户需求分析、电竞标识设计、品牌运营与推广、新媒体栏目设计、电竞产品设计、数据分析与可视化、电竞游戏策划、平面设计软件、三维设计软件、综合创作实践等。另开设选修课程，有电竞战术学、用户行为分析、游戏心理学、虚拟与增强现实、电竞赛事解说、科幻与魔幻文学等。

（一）策划与创意

策划是为了达到一定效果和目的，在现有环境与知识储备下遵循规则原理，对未来即将发生的事情进行科学预测并制订可行的方案。这种说法最早出现在《后汉书》中，"策"是指计谋、谋略；"划"则指设计、筹划、谋划。现在，"策划"还是许多公司设置的一种岗位。电子游戏策划、电竞赛事策划、电竞内容策划和电竞产品策划都是电子竞技行业中炙手可热的岗位。

具体的策划工作内容较广，因为是预先方案，需要考虑多个方面的因素，所以，不仅要合理，更要周全。同样，策划工作也是简约的，策划就是将你的知识所学加上逻辑思维和创造力的碰撞。一般的策划过程主要由以下几个环节构成，在你们的学习和工作过程中，可以尝试应用到这几点。

1. 明确目标

明确目标是有效行动和方案成功的基石。有清晰的最终目标，才能将其层层分解成容易的可各个击破的工作；没有明确目标，则容易陷入混乱和无序，从而导致工作效率低下。为了便于理解，我们以游戏策划的一项工作内容来举个例子，见表5-2-4。

表 5-2-4 有无明确目标的对比

有明确目标	无明确目标
在 1 个月内策划一款三国题材的塔防（TD）类电子游戏	策划一款电子游戏
上旬：分析塔防类游戏人群的用户特征和消费习惯	现有类型游戏逐个分析
中旬：分析现有电子游戏中的三国题材并确定造型风格	各种题材风格分别尝试
下旬：根据塔防类游戏用户对地图的偏好给出游戏设计参考建议，并制作好该策划案	不同类型客户群体分析

对上表观察后我们可以看出，明确的目标会转化为各个时间节点和可量化的各节点内容产出，利于分化目标难度，从而完成目标。从目标制定［在 1 个月内策划一款三国题材的塔防（TD）类电子游戏］到初期工作（上旬：分析塔防类游戏人群的用户特征和消费习惯），再到中期工作（中旬：分析现有电子游戏中的三国题材并确定造型风格），最后到收尾工作（下旬：根据塔防类游戏用户对地图的偏好给出游戏设计参考建议并制作好该策划案）。

无明确目标的策划工作是一个不合格、不利于开展策划的工作，因为在接手时会发现不好下手，工作效率自然无法保障。从目标制定（策划一款电子游戏），问题即凸显：策划什么类型的电子游戏，目标人群又是哪些；到初期工作，自然要对现有类型的游戏逐个分析，再选取其中一个；再到中期工作，类型确定后，游戏的风格和题材还需要摸索，那又得进行各种题材风格的尝试；最后到收尾工作，由于没有明确目标，海量的游戏群体分析需要花费大量时间。

2. 整体布局

细节是一个黑洞，会消耗大量的时间和精力，特别是对于策划新手来说，如果在策划的起草阶段，就在雕琢细节问题，那么不仅耗费时间，更有可能会让整个策划案出现许多不相融洽的地方。

这一点在很多领域都是如此。作画者在绘画之前如非技艺高深，一般都会先打好大致的框架然后再逐一雕刻细节；城市规划者在规划建设之时，也会先做好整体设计再进行各局部的安排。策划也是如此，首先要厘清整体思路——要做哪些事情，分为哪些步骤，工作顺序又是如何，构建好整体框架后,再回过头来细品每一个环节,做到精益求精。

3. 关注用户

策划应用的对象就是目标用户,所以,在策划过程中,一定要密切关注目标用户的需求及其变化。一般来说,各领域经过发展都会产生许多有效、有价值的用户需求数据。这些数据可以看作策划案中的指南针。

4. 保障有效

一份好的策划案带来的结果是不言而喻的,在策划过程中,许多新手都会沉溺于遵循"创造"上,这其实会有失偏颇。诸多经验告诉我们,在任何商业的策划中,行之有效才是最好的。创意虽然也很重要,但是,进行创造的知识积累不是一蹴而就的,灵感也不是说来就来的。所以,在策划过程中,如果你觉得某些想法都好,就分别测试,得出数据,在策划时间结束之前做出一个选择。

5. 提升创造

创造是各领域发展的源动力,没有创造,发展就会停滞不前。但是创造并不能够凭空产生,而是需要通过大量的知识积累加上灵感的催化。策划岗位非常考验人的创造力,具有创意的策划,就像一把打开市场大门的魔力钥匙,能够激发客户更多的兴趣,产生更多的产品收益。如果没有丰富的积累,就难以捕捉住灵感闪现的火花,所以,对于多数人而言,提升创造力是一个漫长而又细腻的过程。

6. 注重反馈

策划和学习一样,要注重复习,在策划行为中,复习可以理解成反馈。每一次的策划,不管好与坏,都应该记录反馈,有效反馈可以让不达标的预设工作及时修正,得到改善。策划工作和学习一样,都是动态的,也是没有尽头的,所以,在策划过程中,不管是小环节还是大策划,都应该注重反馈,并随时调整。

(二)运营与管理

管理运营指对运营过程的计划、组织、实施和控制,是与产品生产和服务创造密切相关的各项管理工作的总称。运营管理是现代企业管理科学中最活跃的一个分支,也是新思想、新理论大量涌现的一个分支。

而电子竞技行业内的管理与运营需求主要体现在电竞赛事运营维护与电子游戏运营推广上。在政府宏观调控和市场经济推动社会繁荣发展的总基调下,有序有效进行管理运营是每一款游戏或每一项赛事成功的关键。那么,市场对从事该领域的运营管理人员会提出哪些要求呢?

从行业人才招聘的渠道来看，运营管理人员任职要求主要体现在以下五点：一是具备本科以上学历，热爱电子竞技行业，能够主动积极加深对电竞赛事及电子游戏的理解；二是精通办公软件（office），具备较好的沟通合作能力；三是具备较强的语言组织能力和营销文案撰写能力；四是具备责任心，对用户和数据有敏锐的洞察力和分析能力；五是能够在运营或管理过程中梳理价值、流程和风险等方面的关键点。当然，不同规模的公司会因资金储备、技术实力和外部环境等因素对运营管理人员的职能进行适当的调整，以符合企业的实际情况和发展需求。从以上这些任职的要求来看，第一、二点是基础要求，第三、四、五点是核心要求。

基础要求中的第一点针对的是从业人员在岗位工作上的主观能动性，对行业是否热爱会在一定程度上影响工作积极性。第二点是个人与团队相融的能力，在团队合作无处不在的时代，与团队融洽相处，各司其职又能相互作用是每个公司都非常看重的员工素质。

1. 热爱行业并积极进取

热爱行业、积极进取在每个行业中，对求职者来说都是首要的一点，没有热爱就难以进取，更难以有所成就。而这一点在电竞行业中显得尤为突出，因热爱而追求本就是第一代电竞人所坚持的一种信仰，这种思想也得到了较好的传播。询问电竞行业不同岗位的从业人员为什么选择电竞行业，得到的答复会出奇一致——因为热爱，所以选择。

2. 融于团队并乐于奉献

团队合作是现代化工作的一种常态式，1+1>2 的效益产出正是团队合作被各领域广泛认可应用的主要原因。虽然每个领域的团队构成都会存在差异性，但是团队的精神是一致的。团队精神需要任职人员在做好本职工作的同时能为团队奉献更多，致力于成为团队运作中的万能齿轮。这也是推动团队有效做功甚至发挥最大作用的关键所在。

3. 语言表达和文字综合能力

具备较强的语言组织能力和营销文案撰写能力。良好的语言表达是岗位任职者与上下级、同级、其他业务往来对象进行有效沟通的一种保障；较强的文字综合能力能让运营与管理的每一个环节产出可视化、可读化的文件材料或演示文稿，这能让进行运营管理的环节变得更为清晰，执行运营管理的指令变得更为便捷。

4. 数据整合和数据分析能力

运营和管理人员需要为公司提供辅助性的决策信息，也需要掌控运营全过程的进度、成本、阶段性成果和风险，而对于接手项目的运营健康状况更需要进行全时间段、全方位的评估。这些行为都需要通过数据整合和数据分析来完成。一个游戏的推广、一个赛事的宣发都是一个长效时间的任务，运营管理人员需要将每一个时间节点的数据进行整合，站在公司的角度对其进行整体的分析，通过深度数据分析，找到存在的问题，找到潜在的风险，并适时提供可行的解决方案。而当公司规模达到一定程度，运营管理的难度和重要性都会随公司项目级别的提升而增长。如何通过有效的数据整合和分析成为运营管理人员的核心能力之一。

5. 统筹协调和服务全局能力

运营管理是与多个部门、环节产生交集的岗位，如何在项目进行过程中从各个环节获取准确信息，如何配合团队朝共同目标前进，如何发现问题并找到合适的人来解决问题，都考验着运营管理岗位的协调能力。运营管理同样也须具备服务全局的眼光，做好运营与管理需对电子竞技产业的全领域有一定程度的了解，熟悉相关项目的开发和各环节的运作，这要求岗位任职者具备极强的责任心。不管是电子游戏推广还是电竞赛事推行和维护，都有很长的周期。这就需要从事运营管理的人员有充足的责任心，要敢于提出问题，并协调各部门解决这些问题。

三、电子竞技艺术设计

电子竞技艺术设计方向主要接洽的是游戏美术市场和电竞内容美工市场，这个方向的教学内容和行业市场与现有的数字媒体艺术专业存在许多共同点。2017年，中国传媒大学在动画与数字艺术学院新增了数字媒体艺术专业（数字娱乐方向），后更改为艺术与科技专业（数字娱乐方向）。教学目的是培养电竞主播、导播、游戏策划、游戏设计等数字娱乐方向的人才。

该方向的专业课程设置主要涉及三个方面，分别是游戏策划与创作（包括游戏分析、游戏创作、游戏叙事、游戏心理、游戏数据、游戏引擎、游戏编程、三维建模等）、电竞赛事策划与执行（包括电竞赛事策划、赛事数据分析、赛事导播等）和行业内专业相关实践课程。

为学好这些专业知识，学生具备的专业素养主要包括以下几点：

（1）喜爱和熟悉数字娱乐产品，特别是电子游戏，对游戏内容、机制和用户黏性有一定的见解。

（2）热爱电子竞技运动，对电子竞技的运动方式和电子竞技赛事有一定的了解，并在学习专业课程的过程中，能够理论结合实践，积极参与赛事策划、执行的实践工作。

（3）不断提升学习能力，保持对新兴事物的探索欲和自我的创造力，在创作游戏作品或策划文案时能够与时俱进，勇于创造创新。

（4）养成发现美、创造美的能力。设计就是为了美化生活，提供精神愉悦，发现美、创造美的能力在设计作品的最终形态中具有重要意义。

（5）具备团队合作的能力。对于一项复杂的任务，进行团队合作，是比较好的选择，充分融入团队，发挥潜力是大学生步入社会前最需要重视的能力之一。

在这里值得一提的是游戏原画岗位，我国高校多数动画学院的招生路径主要是针对美术艺术生，而且目前电竞市场（主要是电子游戏市场）的高质量游戏原画人才极其稀缺，甚至许多游戏原画任务需要依靠外援来完成。

游戏原画是电子游戏制作的重要环节，承担了将游戏策划转变为可视人物和场景，搭建起电子游戏世界的视觉框架的任务。游戏原画是游戏图像化的第一步，在整个游戏研发的过程中起到承上启下的作用。

游戏原画师的具体工作是根据策划的文案，设计出整部游戏的美术方案，包括概念类原画设计和制作类原画设计两种，为后期的游戏美术（模型、特效等）制作提供标准和依据。概念类原画设计主要包括风格、气氛、主要角色和场景的设定等。制作类原画设计则更为具体，包括游戏中所有道具、角色、怪物、场景以及游戏界面等内容的设计。原画是为游戏研发服务的，要保持游戏整体的统一性，保证模型师及其他美术环节的制作。随着电子计算机软硬件设施的提升，电脑软件利于画面修改和增加特效的优势，在游戏原画领域，越来越多的游戏原画师选择用电脑绘画取代传统纸张绘画。

图 5-2-4 到图 5-2-10 是南京传媒学院两位优秀的游戏原画教师的作品。

图 5-2-4　游戏场景原画单线稿

图片来源：倪男绘制。

图 5-2-5　游戏场景原画彩色稿

图片来源：倪男绘制。

第五章　电子竞技的专业发展

图 5-2-6　游戏场景原画彩色稿

图片来源：陈博绘制。

图 5-2-7　游戏场景原画彩色稿

图片来源：陈博绘制。

图 5-2-8　游戏场景原画彩色稿

图片来源：陈博绘制。

图5-2-9　游戏人物原画彩色稿

图片来源：陈博绘制。

图5-2-10　游戏人物原画彩色稿

图片来源：陈博绘制。

四、电子竞技解说与主播

近年来，电竞解说和电竞主播已成为备受关注的两个职业，丰厚的薪资、闪耀的舞台，让许许多多的电竞从业者都心生向往。南京传媒学院在2019年新增设了播音与主持艺术专业（电子竞技解说与主播方向）。

该专业（方向）主要培养具有扎实的播音主持基础，能够从事各级媒体娱乐电竞频道主持人、各大线上、线下电竞赛事解说、互动娱乐网站主播、新媒体主播以及相关工作的应用型、复合型、创新型高级专业人才。核心课程主要包括播音主持基础、播音主持表达、电竞游戏概论、电竞战术学、电竞赛事解说、新媒体主播等。另外，还开设表演基础、形象设计（造型定位）、新媒体导论、创新思维训练、媒介素养通论、出镜记者现场报道、传播心理学、科幻与魔幻文学等专业选修课和公共选修课。毕业生就业主要面向各级电视台娱乐电竞频道、电竞运营商、互动娱乐网站、电竞战队及俱乐部、数字互动娱乐公司等企业单位。

那么,一名优秀的电子竞技解说员或电子竞技主播需要哪些素质呢?

首先,要熟悉各大热门电子竞技的比赛项目,对游戏内英雄属性、装备物品、地图特征和游戏节奏有深度见解。在解说比赛时,能够深入浅出地分析讲解每一盘的局势走向。

其次,对解说项目的历史经典比赛进行深入复盘并熟悉各个版本的国内外主流战术。对这些历史经典战役的复盘及主流战术分析可以增强知识储备,让解说的发挥空间不会局限在当场比赛,得到较大扩展。这样不仅能够提升观众对解说的专业认可,还可以调动起更多观众的热情,得到共鸣。

再次,具备播音主持的扎实基本功,在讲解过程中能够发挥优秀的语言表达能力,让观众在观赛过程中获得更多的乐趣,才能更好地实现解说价值。这一点无论对电竞解说还是对传统体育项目解说来说,都属于基础素质。

最后,随机应变的反应能力。不论是传统竞技还是电子竞技,任何比赛项目进行的过程都随时有可能出现各种状况,甚至意外事件,优秀的解说需要具备临时处理解释突发状况的能力,让观众能够在愉悦中消耗掉这些时间。一名解说员要做到做好这些,并非一朝一夕之功,而是需要通过长效的锻炼和经验的积累。

以上四点可以看作一名优秀解说员需要养成的基本素质,而在基本素质养成的过程中,还要形成属于自己的解说风格。解说风格的形成不同于一般的技能训练和知识学习,它是在解说过程中表现出来的相对稳定、更为内在和深刻,从而更为本质地反映出解说员个人思想观念、审美理想、精神气质等内在特性的外部印记。解说风格的形成意味着解说员开始走向成熟阶段。

知识拓展

如何才能成为一名合格的电竞解说员

在电竞的产业链中,最具 IP 效应的是俱乐部和选手。除此之外,个人 IP 效应最强的人,当属那些活跃在各大赛事现场的官方解说员。正是由于解说员头顶明星光环出现在赛场，并借助各种自媒体、直播平台将影响力带到赛场外，才让不少年轻人动了"我也想当个电竞解说员"的念想。然而，"明星"可不是那么好当的。

（一）敲门砖：语言功底是解说入门的重要条件

王多多在平安银行人力资源办公室面试员工的时候，不止一次想过从事游戏相关的工作。从中国人民大学本科毕业到在平安银行工作的三年间，他给不少游戏公司投递了简历，但大多石沉大海。

2016年9月，作为《英雄联盟》重度爱好者，王多多如往常一样打开了游戏客户端。与往常不同的是，这次他看到了官方解说员招募令。王多多随手一填，并在解说作品一栏填上了自己在哔哩哔哩（简称"B站"）解说《英雄联盟》的视频——虽然没有解说经验，但在B站上，王多多是一个兼职的UP主，上传的主要内容包括历史类脱口秀和《英雄联盟》视频。

四年前，一条B站解说视频成了银行工作人员进入电竞解说领域的敲门砖。如今，情况似乎有些变化。"现在很多企业招人会偏爱科班出身的播音主持专业学生，好多科班出身的'00后'甚至都活跃在了一些赛事的解说席上。"王多多说。

就读于中国传媒大学播音主持专业的马萱，目前在腾讯电竞运动会（TGA）解说赛事。高中艺考成绩极好的她到了中国传媒大学之后，接触到了从传统媒体到新媒体的诸多机会。为了找到更适合自己的工作方向，平时就爱打游戏的马萱去参加了TGA解说员的面试。

在马萱看来，作为科班出身的解说员，首先，形象和普通话经过一轮选拔，其次，语言组织能力和临场应变能力也经过训练，这些都是优势。"但跟职业玩家出身的解说员相比，我们对游戏的理解还有提高的空间。"她说。

同样是科班出身的赵松琪，一直都是WE战队的粉丝。2018年，她还是场下的一名俱乐部粉丝，现在，她却成了WE主场的主持人。电竞主持工作正好能将她的专业和兴趣相结合。赵松琪认为，科班出身的镜头感和语言功底是优势，但其他方面的知识储备需要补足。

虽说播音主持专业出身并非解说员的硬标准，但在诸多赛事的解说员招募要求中都会把"播音主持/表演/传媒专业毕业"看作加分项。

而站在观众的角度看，大多数观众也会把"普通话好"列为自己喜欢电竞解说员的标准之一。"以前看孙亚龙解说，印象最深的一句话是'暴女用飞镖狠狠地 zai 它'，这种重庆方言版的解说就太具有地方特色了。不是不好，只是对很多观众不友好。zai 这个方言在普通话里都没有对应的字，"来自重庆的某电竞爱好者如是说，"而且说普通话的人听不懂这样的解说，自然会对这样的解说产生排斥心理。"

（二）进阶路：综合素质重要程度胜过天赋

如果说音色、外形和普通话水平跟天赋有关，那对游戏的理解、文字驾驭能力、控场能力等就是后天不懈努力才能进步的综合素质。

LPL 官方解说员瞳夕曾是一名电竞选手，从职业选手到解说员，瞳夕笑称遇到的最大困难是找到官方解说员的报名渠道。"做选手的时候，我认识了一些赛事方，之后偶尔会被他们邀请客串解说，我就萌发了去 LPL 做官方解说员的念头。我认为做解说员，口才和对游戏的理解都很重要。"瞳夕说。站在职业选手的角度，瞳夕认为做解说员并不只是要通过玩游戏去理解比赛，还要大量的比赛和高端局的 OB 积累，对装备、英雄、地图等变量的把控，对英雄联盟赛事历史的理解，这些都需要花费大量时间。"我认为这些努力比天赋重要。"

作为"英雄联盟 LPL 赛区 2019 年度最受欢迎解说员"，王多多同样认为综合素质对于电竞解说员更重要。"人们夸董卿老师等优秀的主持人，肯定不是夸他们吐字清晰、字正腔圆，而是因为他们的综合素质。"控场、应变、底蕴等，是一个主持人到一个优秀主持人的必由之路。

如今电竞行业发展迅速，观众们的要求也"水涨船高"，主持人和解说员的能力大家都看在眼里。优秀的电竞解说员因为出镜率高而成为顶级流量的代表，这种职业带来的"光环"，也导致很多年轻人对解说席心向往之。但面对年轻人的热情，已经坐在解说席的前辈们大多选择给他们泼点冷水，也会理智地支持他们的梦想。

赵松琪表示，还是建议学生优先保证校内课程的学习。她说："尤其是高中生，还是以高考为第一要务。其次要客观判断自己是否适合做电竞解说主持，比如看自己的语言表达能力、基本的游戏理解是否到位等，最后可以密切关注电竞方面的新闻、行业动态，如果有确定参加艺考的同学，要关注有电竞学院或者电竞解说专业的院校招生信息。"

王多多也时常面临有年轻人问他"怎样才能当个电竞解说员"之类的问题。王多多一般都会反馈给他们这样的建议："不要考虑太多，还在念书的话就先好好完成学业，综合素质极其重要。高中生要好好读书，考个好大学就会有个好平台，不管是否从事电竞行业，对以后的发展都有好处。"

在王多多看来，如果高中时目标就瞄准了当电竞解说员，视野太窄了。打铁还需自身硬，所以提高综合素质更重要。"我以前也想过如果毕业之后直接去做解说员，会更好吗？我自己觉得不会。因为毕业之后的那三年做 HR（人力资源）的工作经历，锻炼了我与人沟通的能力，积累了社会经验。这些对我进入新的行业都有很大的帮助，因为我知道怎么跟人沟通，怎么处理突发情况。包括我之前做 B 站 up 主，让我对着镜头说话不怯场。虽然我进入电竞行业有些晚，但我真觉得如果毕业之后直接做解说员，未必有现在做得好。"

（三）看不到的天花板：解说行业永远有提升空间

传统体育领域里，有解说到 70 岁的张卫平，似乎在传统体育做解说员并不是"吃青春饭"。那么，在电竞领域，年龄和职业生涯又是什么关系？电竞解说发展的天花板又在哪儿呢？

不管从业多久，不管是传统体育还是电竞的解说，解说员这个岗位似乎从没有明显的"职业晋升路径"。王多多直言，主持人、解说员都需要不断锤炼自己的业务能力，这个行业并没有天花板，"因为你总会面对不知道你的观众，而且对于解说来讲，从风格到语言，永远都有提升空间"。

王多多从很久以前就开始看体育赛事，作为一名利物浦足球俱乐部的死忠粉，他在看球赛的同时也被苏东、詹俊等传统体育名嘴吸引。"他们的声音就很有辨识度。另外，我觉得用一些短句或者诗句去诠释比赛，也只是一种正常的解说方式，而不应该只属于我自己。总之，传统体育解说对我影响非常大。我也希望能够按照传统体育解说的方式，以更专业的形式去解说电竞，这是我希望自己表现出来的解说风格。"

刚刚做解说一年的瞳夕很感激粉丝和业内人士给予的正面评价，但她同时也在承受一些负面反馈。"工作强度可以继续增加，自己的努力得到大家认可让人开心，希望能继续在解说席上努力，提高自己的能力，不让喜欢自己的粉丝失望。我做解说的长远目标就是想解说 S 赛总决赛，现阶段的小目标是解说 LPL 的决赛。另外，我还想带爸爸妈妈去现场看我解说的比赛。很感谢他们这些年的支持，想让他们看到我没有让他们失望。"

赵松琪作为行业新鲜血液，如今最在意的是自己能否做好每次采访，能否跟前辈学到更多，从而提高自己。除了会纠结解说工作和学业的冲突之外，其他事务她似乎都乐在其中。"短期目标就是做好本职工作，至于长期规划，我可能会转到教育领域。这个教育包括但不限于电竞教育。"

马萱同样是行业新人,虽然工作节奏快,但她同样也正在享受自己的成长。"电竞解说工作给我带来的成长十分宝贵,未来我也想继续从事电竞相关的工作。但未来的事儿不好说,不过只要有机会,我就会去努力争取。所有当下做的事儿,我都会尽全力把它做好。"

(芦文正:《从理想到职业,新人如何才能成为一名电竞解说?》,https://baijiahao.baidu.com/s?id=1667747111416305839&wfr=spider&for=pc,访问日期:2020年8月9日)

知名游戏原画师与作品赏析

一款成功的游戏,其中一定有很多值得称赞的内容,比如说玩法的创新、吸引人的世界观构架和剧情、出色的角色与美术设计、音乐等多方面的因素。其中,角色和美术设计是能否给玩家留下美好第一印象的关键要素之一。在过去的20多年中,总有某些游戏因为某个著名画师的加盟而受到广泛关注,或者某个画师因为在某个游戏中出色的角色设计一炮而红,被玩家们记住。我们今天就来说说这些"大神级"的原画师们。一些世界级名作的铁杆粉丝之间,经常会因为"到底是游戏捧红了画师还是画师成就了游戏"这样的话题而争得面红耳赤。其实,在很多时候,画师和游戏是相互成就的,不过当某一方的名声更大时就会产生如上的争论,对我们玩家而言,只要能够在更多的游戏中看到喜爱的画师们的作品就好了。下面我们就来聊聊那些名作和背后的美术设计师的故事。

(一)藤岛康介和《幻想传说》

1995年可以说是超级任天堂游戏机主机最辉煌的一年,在这一年中,超级任天堂平台发售了大量高质量的角色扮演类游戏超大作,其中就包括如今已拥有庞大家族的"传说"系列的首作——《幻想传说》(如图1)。这款游戏的推出使得当时 SFC 卡带的容量上限进一步提升到了48M,得益于超大的卡带容量。此作大量采用人声配音,甚至奢侈地在片头加入了一首完整的真人演唱的开场主题歌。

此外,当时已经因《逮捕你!》和《我的女神》两部漫画的大获成功而大红大紫的藤岛康介设计的角色更是让玩家兴奋不已,但令人遗憾的是,虽然拥有超豪华的制作阵容和当时16位游戏中顶级的画面,此作的 SFC 版最终销量只有20万套左右,算上之后的 PS 和 PSP 移植版也只能勉

图 1 《幻想传说》

强达到 100 万套。但低迷的销量并未影响藤岛康介通过此作展现自己的超凡实力在《幻想传说》之后的系列作品中,藤岛康介作为"传说"系列御用画师,为后续多达十款游戏设计了登场角色。

也许正是看到了藤岛康介所带来的人气和关注度,在《幻想传说》发售一年后,"樱花大战"系列的首作也邀请他来进行人物设计。于是,另一个神作系列诞生了。

(二) 天野喜孝和"最终幻想"

在日本国民角色扮演类游戏"勇者斗恶龙"(Dragon Quest,DQ)首作上市 1 年零 3 个月之后的 1986 年 9 月,一家名为"SQUARE"的游戏开发公司成立了。由于当时游戏开发商之间激烈的竞争,公司很快陷入了严重的财务危机,就在做好收摊回家的准备之后,"最终幻想"(Final Fantasy,FF)系列生父、当时还是 SQUARE[①] 开发部部长的"小胡子"——坂口博信打算推出一款能跟"勇者斗恶龙"抗衡,还要和前者不一样的游戏。同时,还启用了当年只有 25 岁的名不见经传的插画师天野喜孝负责角色原案设计。(如图 2)

皇天不负有心人,FF 初代的大获成功不但使 SQUARE 摆脱了濒临破产的境地,也让这家不起眼的小公司迈出了走向业界超级巨头的第一步。而当时的功臣之一天野喜孝也被坂口奉为座上宾,后续 FF 系列的每一作

---

① SQUARE:日本游戏软件公司,2003 年 4 月 1 日与 NEIX 合并成为史克威尔艾尼斯公司。

图 2 "最终幻想"

必会请他来负责概念或者角色设计。至于天野本人也伴随着"最终幻想"系列在世界范围内的成功而成为一代美术巨匠。

(三) 漆原智志和"梦幻模拟战"

"梦幻模拟战"（又名"兰古丽莎"）系列曾经与"火炎之纹章"和"皇家骑士团"并列为20世纪90年代的SRPG三巨头，而提到"梦幻模拟战"系列，则自然不能不说那些帅气性感的人物角色。尤其是女性角色胸部及臀部描写，更是俘获了众多粉丝的（色）心。而作为一款"才（战略性）色（性感）"兼备的SRPG游戏，漆原智志笔下的那些年轻男女和游戏的世界观完美地融合为了一体。在1991年MD主机上的系列首作获得好评之后，后续的系列正统续作均无一例外地采用了漆原智志的人设，以至于最后玩家间形成了一个默认的共识：无漆原，不梦幻。

也许是为了开创新的可能性，"梦幻模拟战"系列中有几款外传性质的作品尝试采用其他风格的人设，如DC的《梦幻模拟战千年纪》和WonderSwan掌机版的《梦幻模拟战千年纪：最后的世纪》，但这两者最终都以失败而告终。

图3 《梦幻模拟战千年纪》

(四) 藤坂公彦和"龙背上的骑兵"

前阵子,游研社发了一篇广为国内网页游戏厂商盗用的 CG 素材的文章,其中就有《龙背上的骑兵3》的开场动画,包括《龙背上的骑兵3》在内,该系列的前两作也是由藤坂公彦负责人物设计。其笔下的人物角色线条分明,非常有质感。同时,藤坂还对铠甲和武器的设计也有着很深造诣,而坂口博信也正是看中这一点,才在 Xbox 360 版 *Cry On* 流产之后将他招致麾下,负责 Wii 版日式 RPG 经典之作《最后的故事》(*The Last Story*)的角色设计,而藤坂也不负众望地创造出了艾尔萨和卡楠等经典角色。

时至今日,在坂口博信自立门户成立 Mistwalker 之后,藤坂也在继续发挥着他那独特的想象力,在坂口的新作 *Terra Battle*(如图4)中不断地创造着一个又一个美丽动人的角色形象。

(五) 森气楼和"拳皇"

玩过早期版本"拳皇""饿狼传说",或者"侍魂"系列的玩家,一定在某个地方见到过一堆长着写实风格的脸,脑袋上却顶着一团夸张的漫画风头发的角色形象吧?没错,这些都是森气楼的作品。也许是和 SNK 的

第五章　电子竞技的专业发展

图 4　TERRA BATTLE

准 32 位主机 NEOGEO 所标榜的高画质和完美拟真理念比较契合，在 1990 年 4 月加入 SNK 之后，森气楼马不停蹄地参与了多款游戏的设计制作工作，在当时独树一帜的画风也为他带来了一批相当数量的铁杆粉丝。

随着名气的逐渐扩大，最终，SNK 的扛鼎格斗系列"龙虎之拳""侍魂"和"拳皇"的任务设计都落到了他的手里。以至于在 2000 年投奔 CAPCOM 之后，该公司于当年推出了格斗游戏《卡普里对 SNK 千年之战 2000》，为了吸引 SNK 格斗游戏粉丝的关注，CAPCOM 的设计师们不得不模仿森气楼的笔触和画法来重新绘制 SNK 的那些经典角色。时至今日，昔日的那些角色早已不再流行，而森气楼也很少再接角色设计的工作，但他依旧利用其擅长的手绘"森气楼渲染"，为新作的开发贡献着自己的力量。《拳皇 97》如图 5。

图5 《拳皇97》

(六) 野村哲也和《最终幻想》

被部分粉丝戏称为"洗剪吹教父"的野村哲也于1991年加入SQUARE。和大部分成功人士一样,他的第一份工作内容非常不起眼——《最终幻想4》修改漏洞。在忙碌的工作中度过了三年之后,SQUARE开始筹备《最终幻想6》的开发工作。当制作人坂口博信看到野村画的备份用的角色设计原案之后,这个年轻人的名字就留在了"小胡子"的脑子里。于是,在加入PS阵营之后推出的FF系列最受欢迎的一作《最终幻想7》开始立项之后,这个其貌不扬的小伙子被委以负责所有角色设计的重任。

随着《最终幻想7》(见图6)在全世界范围内的大卖,野村哲也也从美术设计摇身变成了集游戏制作人、插画师、动画导演于一身的super VIP级大佬。而其全盘负责的"王国之心"系列的大卖更加奠定了他在玩家和公司老板心中的地位。

第五章　电子竞技的专业发展

图6　《最终幻想7》

（七）新川洋司和"合金装备"

作为"合金装备"系列御用角色和机械设计师，新川洋司创造的Snake、Bigboss以及雷电等角色至今依旧活跃在"合金装备"系列的新作中。由于年轻时代受到了天野喜孝和漫画家安彦良和（代表作《大国主》及《机动战士高达》）的影响，其笔下的那些有如草图般的水墨风角色散发着强烈的个人色彩。（如图7）

图7　"合金装备"角色群像

· 173 ·

随着"合金装备"系列的大获成功,新川洋司也开始尝试为其他类型的游戏设计角色,其中比较著名的是一款机械设定有着浓重"合金"风的3D射击游戏 Zone of the Enders。而在《合金装备5:幻痛》中,SNAKE 左手使用的生体假肢,也正是参考了 Zone of the Enders 主人公爱机"Jefty"的腕部设计。随着小岛组的烟消云散,作为小岛的忠实伙伴,新川洋司也同小岛一起离开了奋斗了多年的 KONAMI,而在刚刚过去的 E3,小岛也公布了他独立之后的第一个作品 Death Stranding。

(八)小岛文美和"恶魔城"

要说小岛文美,得先提一下"恶魔城"系列著名制作人五十岚孝司,在五十岚接手"恶魔城"新作的开发之前,小岛文美只是一个不太知名的给妖怪小说画插画的画家,游戏方面也仅仅为光荣模式会社的两款游戏设计过角色。随着《恶魔城X:月下夜想曲》的发售,玩家们突然发现这个名不见经传的画师笔下的人物和游戏的世界观是如此协调。小岛文美画中浓郁的哥萨克风和"恶魔城"游戏背景中的中世纪欧洲几乎实现了无缝连接的完美效果。小岛也由此奠定了五十岚产"恶魔城"御用人设的地位。

图8　GBA 版《恶魔城X:月下夜想曲》

现如今,在五十岚离开 KONAMI 独立之后,其开发的"恶魔城"精神续作中偏动漫风的新人设一度遭到系列铁杆粉丝的质疑,但好在关键时刻小岛站出来表示将要参与该作的开发,为游戏设计、包装底图,并以此作为对老搭档创业的支持,这才勉强让质疑的声音暂时平息了下来。

（九）吉田明彦和"皇家骑士团"

玩过"皇家骑士团"（又名"奥伽战争"）（如图9）系列的玩家对游戏中那些细节考究的塔罗牌和性格各异的登场人物一定印象非常深刻。吉田明彦在1989年加入当时Quest公司之后，和如今的著名游戏制作人松野泰己及岩田匡治、皆川裕史等人共同制作了《传说的奥伽战争》（俗称《皇家骑士团1》）和系列最负盛名的第二作《战术奥伽》（俗称《皇家骑士团2》）。吉田的画风非常独特，他笔下的人物脸部一般很简单，但身上的衣着和其他细节却有着惊人的丰富度。另外，他还非常擅长画铠甲，并能有意识地在绘画过程中将铠甲的实际运动形态考虑进去，这些在他所绘制的铠甲关节部分都有很好的体现。此外，其常用暖色调也是吉田流画风的一大特征之一。

图9　《皇家骑士团1》

在吉田离开Quest加入SQUARE之后的18年里，他参与了包括《最终幻想战略版》《放浪冒险谭》和《最终幻想12》在内多款游戏的角色和背景美术设计。其中，《放浪冒险谭》更是因为获得了任天堂通信杂志的满分评价而广受关注。如今，吉田也拥有了自己的公司，身为CEO的同时还在一线参与游戏的设计工作，其手游最新作《小小诺亚》中，我们依然还能看到那些令人怀念的可爱小角色。

电子游戏被称为"第九艺术",和绘画、音乐等艺术形式并称。和其他很多单一艺术形式不同的是,电子游戏往往和绘画、音乐等其他艺术形式有大量的交集,游戏史上很多名垂青史的作品都是在多方作用下才达成了完美的表现。然而,有的游戏系列已经消逝在历史的长河中,有的著名画师也已淡出游戏圈很久,文中提到的强强结合的例子今后可能都很难重现了。对于作为游戏玩家的我们而言,如果有幸体验过这些画师和游戏开发者共同缔造的、能够给人带来愉悦的视觉享受的游戏作品,那也是一种幸福了,所以也让我们一起为这些给我们带来无数美好回忆的画师们送上祝福。

(游研社:《那些年,我们追过的大神级游戏原画师》,https://zhuanlan.zhihu.com/p/21553729?refer = yysaag,访问日期:2020 年 10 月 15 日)

思考题

1. 概述电子竞技运动训练的必要性。
2. 简述电子竞技运动训练的发展历程。
3. 有人认为电子竞技就是"打游戏",对于这种观点,你怎么看?
4. 电子竞技运动训练有哪些训练原则?
5. 电子竞技运动训练有哪些基础方法?
6. 运动训练量是越多越好吗?为什么?
7. 在为电子竞技运动员制订训练计划时需要注意哪些要素?
8. 电子竞技运动训练和传统体育运动训练有哪些异同?
9. 试着探讨电子游戏版本更新对于运动训练的影响。
10. 分析传统赛制在电竞赛事当中是否适用,发生了哪些改变。
11. 你认为电竞赛事中采用双败的赛制会比单败的赛制更合理吗?为什么?
12. 你参加过电竞比赛吗?如果有,请谈谈体验,如果没有,请谈谈想法。
13. 你有过成为电子竞技职业参赛选手的想法吗?为什么?
14. 运动员在进行运动训练过程经常会遇到瓶颈阶段,结合课程所学,谈谈该如何面对。
15. 为什么说电子竞技领域运营与管理岗位的工作需要具备相当的综合能力才能胜任?

16. 做好运营与管理岗位需要具备哪些素质？
17. 游戏原画和游戏插画存在哪些不同？
18. 作为一名游戏原画师，需要对游戏有深入了解吗？为什么？
19. 你最喜欢哪一位知名电竞解说或主播？谈谈你认为他（她）为什么会受到大众的喜爱。
20. 试着分析一名电竞解说员的成长过程，优秀的电竞解说员需要具备哪些素质？

参 考 文 献

[1] 黄佩. 传播视野中的电子游戏：技术与文化的互动和创新 [M]. 北京：北京邮电大学出版社, 2017.

[2] 李瑞森. 游戏专业概论 [M]. 北京：清华大学出版社, 2015.

[3] 彭吉象. 艺术学概论 [M]. 4版. 北京：高等教育出版社, 2015.

[4] 王蔚. 电子游戏的教育性分类和评价体系 [M]. 北京：科学出版社, 2010.

[5] 张建翔, 周红亚, 钟远波. 电子游戏设计概论 [M]. 北京：海洋出版社, 2016.

[6] 李宗浩, 李柏, 王健. 电子竞技运动概论 [M]. 北京：人民体育出版社, 2005.

[7] 李晓彬. 电子游戏互动设计 [M]. 北京：海洋出版社, 2013.

[8] 房晓溪, 侯宇坤. 游戏电子竞技教程 [M]. 北京：中国水利水电出版社, 2012.

[9] 陶卫宁. 体育赛事策划与管理 [M]. 重庆：重庆大学出版社, 2015.

[10] 田麦久, 刘大庆. 运动训练学 [M]. 北京：人民体育出版社, 2012.

[11] 毕晓君. 计算智能 [M]. 北京：人民邮电出版社, 2020.

[12] 谢识予. 经济博弈论 [M]. 上海：复旦大学出版社, 2002.

[13] 周宪. 美学是什么 [M]. 北京：北京大学出版社, 2002.

[14] 谭顶良. 高等教育心理学 [M]. 南京：南京大学出版社, 2017.

[15] 燕良轼. 高等教育心理学 [M]. 北京：高等教育出版社, 1998.

[16] 腾讯游戏天美工作室群. 造物理论：游戏关卡设计指南 [M]. 北京：电子工业出版社, 2016.

[17] 龙奇数位艺术工作室. 高级游戏美术设计 [M]. 北京：北京希望电子出版社, 2006.

[18] 似水无痕. 平衡掌控者：游戏数值战斗设计 [M]. 北京：电子工业出版社, 2017.

[19] 孙磊. 电子游戏司法保护研究 [M]. 北京：知识产权出版社, 2018.

［20］郑建瑜. 大型演艺活动策划与管理［M］. 重庆：重庆大学出版社，2014.

［21］韦晓军. 会展文案［M］. 重庆：重庆大学出版社，2014.

［22］杨明全. 课程概论［M］. 北京：北京师范大学出版社，2010.

［23］卡斯. 有限与无限的游戏：一个哲学家眼中的竞技世界［M］. 马小悟，余倩，译. 北京：电子工业出版社，2013.

［24］谢尔. 游戏设计艺术［M］. 2版. 刘嘉俊，陈闻，陆佳琪，等，译. 北京：电子工业出版社，2016.

［25］卡尔，白金汉. 电脑游戏：文本，叙事与游戏［M］. 丛治辰，译. 北京：北京大学出版社，2015.

［26］泰迪里斯. 博弈论导论［M］. 李井奎，译. 北京：中国人民大学出版社，2015.

［27］齐格弗里德. 纳什均衡与博弈论［M］. 洪雷，陈玮，彭工，译. 北京：化学工业出版社，2011.

［28］格鲁斯. 数据科学入门［M］. 高蓉，韩波，译. 北京：人民邮电出版社，2016.

［29］韦巴赫，亨特. 游戏化思维［M］. 周逵，王晓丹，译. 杭州：浙江人民出版社，2014.

［30］渡边修司，中村彰宪. 游戏性是什么［M］. 付奇鑫，译. 北京：人民邮电出版社，2015.

［31］罗莫，比乌拉克，科恩，等. 青少年电子游戏与网络成瘾［M］. 葛金玲，译. 上海：上海社会科学院出版社，2016.

［32］内拉哈里. 博弈论与机制设计［M］. 曹乾，译. 北京：中国人民大学出版社，2017.

［33］邵斌，梁凤婷. 数字游戏视觉设计［M］. 沈阳：辽宁美术出版社，2010.

［34］巴黎评论编辑部合. 巴黎评论·作家访谈Ⅰ［M］. 黄昱宁，译. 北京：人民文学出版社，2012.